NEGRO NAS TERRAS DO OURO

*Cotidiano e Solidariedade
Século XVIII*

JULITA SCARANO

NEGRO NAS TERRAS DO OURO

Cotidiano e Solidariedade
Século XVIII

editora brasiliense

Copyright © by Julita Scarano, 1994
Nenhuma parte desta publicação pode ser gravada,
armazenada em sistemas eletrônicos, fotocopiada,
reproduzida por meios mecânicos ou outros quaisquer
sem autorização prévia da editora.

Primeira edição, 1994 (publicada com o título *Cotidiano e Solidariedade*)
Segunda edição, revista e ampliada, 2002

Preparação de originais: Izabel Rodriguez
Editoração eletrônica: Set-up Time Artes Gráficas
Revisão: Regina de L. dos Santos,
Ana Maria O. M. Barbosa e Luiz Ribeiro
Capa: Produtores Associados

Dados Internacionais de Catalogação na Publicação (CIP)
(Câmara Brasileira do Livro, SP, Brasil)

Scarano, Julita
    Negro nas terras do ouro : cotidiano e solidariedade
século XVIII / Julita Scarano. – 2. ed. rev. e ampl. – São
Paulo : Brasiliense, 2002.

    ISBN 85-11-13112-4

    1. Escravidão – Minas Gerais – História 2. Minas Gerais
– História – Século 18 3. Minas Gerais – Usos e costumes –
Século 18 4. Negros – Minas Gerais – História I. Título.

02-0216   CDD-981.51021

Índices para catálogo sistemático:

1. Minas Gerais : Negros : Século 18 : História social
    981.51021
2. Século 18 : Negros : Minas Gerais : História social
    981.51021

editora brasilliense
Rua Airi, 22 – Tatuapé – CEP 03310-010 – São Paulo – SP
Fone/Fax (0xx11) 6198-1488
E-mail: brasillienseedit@uol.com.br
www.editorabrasiliense.com.br

livraria brasilliense
Rua Emília Marengo, 216 – Tatuapé
CEP 03336-000 – São Paulo – SP – Fone/Fax (0xx11) 6671-2016

Agradecimentos a:

Myriam Q. Barbosa
Humberto e Silvia Scarano
Lilia S. Hemsi
Lucia Mendonça de A. Maranhão
M. Antonieta Celani
M. Isaura Pereira de Queiroz
Osvaldo Ubriaco Lopes

e às entidades:

CNPq – Conselho Nacional de Desenvolvimento Científico e Tecnológico, pela bolsa que me permitiu a realização destas pesquisas
FAPESP – Fundação de Amparo à Pesquisa do Estado de São Paulo
UNESP – Universidade Estadual Paulista
CERU – Centro de Estudos Rurais e Urbanos – USP

Sumário

Homens, mulheres, escravidão 9

O viver nas Minas Gerais 20

O alimento do homem de cor no século XVIII 38

Comida de doente 53

Comida partilhada: solidariedade e alimentação 68

A morada 81

Imposição e prestígio: roupas de escravos e de forros 93

Margem do sistema: quilombos e revoltas 117

Saúde e sobrevivência 132

Abreviaturas 139

Documentação consultada 140

Homens, mulheres, escravidão[1]

As Minas Gerais, centro econômico do Brasil no século XVIII, receberam considerável número de aventureiros, que levaram consigo muitos escravos para explorar as minas de ouro e posteriormente as de diamante. O povoamento do interior do país permitiu a urbanização, e nessas vilas e arraiais ergueram-se belas igrejas, chafarizes, pequenas praças e, mais tarde, em algumas delas, imponentes Casas de Câmara e cadeia, que serviam de sede da Administração e da Justiça. Nas ruas tortas e esburacadas artistas esculpiram santos, pintaram igrejas, compuseram músicas sacras e profanas, propiciando o desenvolvimento cultural.

Poucos tiveram possibilidade de acumular substancial riqueza, e a maior parte da população era pobre. A categoria mais desfavorecida era constituída pelos escravos, mas, sobretudo a partir da segunda metade do Setecentos, forros[2] e mulatos, e mesmo brancos pobres, viviam precariamente.

Informações satisfatórias sobre a vida diária dos habitantes da região são difíceis de encontrar, mais ainda em

---

1. Gente de cor, pretos, cabras, crioulos etc. são palavras usadas nos documentos da época, e por isso foram mantidas.

2. Forros são escravos que obtiveram liberdade.

se tratando da gente de cor, que teve papel primordial na história de nosso país. A documentação encontrada em arquivos brasileiros e portugueses trata principalmente de questões referentes à economia, ao trabalho, aos problemas e dificuldades. Fala da situação difícil; da imensa quantidade de negros que ali viviam e punham em perigo o "*socego das gentes*", conforme diziam; das distâncias e das dificuldades de transporte; e, insistentemente, da escassez e do alto custo dos alimentos, como também do esgotamento das lavras auríferas. Em suma, são muitas as queixas, inclusive a respeito de revoltas, de quilombos e do contrabando.

Mesmo em cartas escritas para amigos fala-se pouquíssimo do dia-a-dia. Isso pode nos levar a supor que as questões cotidianas careciam de importância, mas não podemos esquecer que os relatos, cartas, Ordens Régias ou de autoridades locais, enfim, o grosso da documentação que é possível encontrar – é basicamente aquela emanada do Poder – informações que partem de governantes e dos grupos mais favorecidos, preocupados com o fisco, o enriquecimento e a ordem reinante.

As demais categorias eram constituídas de pessoas geralmente iletradas e, assim, restaram delas pouquíssimos documentos que podem ser compulsados.

Segundo os arquivos de suas Irmandades, e pouca documentação emana diretamente delas, as pessoas de cor somente se manifestavam com a linguagem que lhes era permitida. Nos relatos das devassas empreendidas por autoridades eclesiásticas ou civis, nos inventários e nos testamentos, há alguma informação sobre escravos, forros, negros e mulatos livres. Assim, o cotidiano – que mostra, afinal, o que torna a vida possível ou insuportável –, as técnicas de sobrevivência e outros aspectos cruciais e importantíssimos para o ser humano só se encontram em raros documentos. É necessário procurá-los nas entrelinhas, num paciente e moroso trabalho de pesquisa.

Os escravos que foram para as terras mineiras com os primeiros exploradores eram chamados de "nação", Vinham da África e faziam parte de um grupo ou nação africana. A grande maioria era constituída pelos mina, seguida dos congo, cabinda, angola, cabo-verde, "masengano", monjolo e outros. A maioria tinha vindo da África com a finalidade de trabalhar na região das minas, mas alguns haviam estado antes na Bahia, em Pernambuco ou no Rio de Janeiro.

Principalmente nos primeiros decênios do século XVIII, os escravos mina constituíam a grande maioria dos africanos nas Minas Gerais. Num exemplo esclarecedor, vemos que em Conceição de Mato Dentro[3], ainda em 1749, de uma lista de 271 escravos havia 182 da nação mina, apenas 46 angola, nove cabo-verde, cinco benguela e sete cabras ou crioulos nascidos no Brasil. Mesmo quando o grupo mina não era tão predominante, conforme sucedia na época mencionada, eles constituíam o contingente mais numeroso que foi enviado para as Minas Gerais.

A maior parte dos escravos era constituída por pessoas jovens, de 15 a 34 anos, seguida de menores de 15 anos e de pessoas com idades entre 35 a 44 anos. É curioso notar que os documentos colocam a idade com muita precisão,

3. OP, ACC, rolo 12, APM, vol. 81, *Matrícula de escravos de Conceição de Mato Dentro*, 1749, MS.

assinalando que tal escravo tinha 24 anos, por exemplo. Naquele contexto, entretanto, era difícil estabelecer a idade, uma vez que muitos escravos vinham pequenos, e nem mesmo sabiam quantos anos tinham, ou calculavam de outra maneira.[4] No entanto, as listas de escravos timbram em colocar uma idade muito precisa.

Isso pode significar que a questão numérica era encarada com ambígua seriedade, mas é mais provável que, ao elaborar tais listas, colocassem um número que lhes parecia o mais próximo da realidade. Mesmo brancos de elevada categoria social muitas vezes ignoravam sua verdadeira idade.

Por causa desse desconhecimento encontramos inúmeros escravos relacionados como pessoas de mais de 60 anos, longevidade dificilmente alcançada naquele local e período. Claro que exceções sempre existiram.

Muito mais fácil do que determinar a idade era conhecer a procedência dos africanos que foram para a região. Havia pessoas conhecedoras das línguas e das características dos mais diversos povos do continente africano. Há sempre alguma confusão a esse respeito, uma vez que as listas tendiam a classificar alguns indivíduos como originários do porto de onde haviam sido embarcados para o Brasil, quando na verdade procediam de áreas do interior do continente. Isso aconteceu muito com pessoas que foram classificadas como angolanas – ou angolas, como diziam – porque haviam partido daquela região. Mas a questão das "nações" era encarada com seriedade, uma vez que a solidariedade tribal levava escravos a protegerem seus conterrâneos, a conspirarem com eles e, por outro lado, fazia com que grupos anta-

---

4. Diferentes povos, sobretudo, naquele período, estabeleciam cálculos de tempo baseados em fases da lua ou outro qualquer referente.

Carlos Julião (1763, Turim, Itália) veio ao Brasil e chegou ao posto de Capitão de Mineiros da Artilharia da Corte. Em seu álbum, encontramos magníficas aquarelas reproduzindo cenas e personagens brasileiras.

Nesta, vemos escravos negros no mister de lavrar diamantes; os pés estão na água e os torsos, nus. Diante de cada um encontra-se um feitor que os vigia e guarda a caixa onde os diamantes eram depositados. A cena de lavagem de diamantes foi reproduzida inúmeras vezes por diferentes autores.

gônicos se espionassem mutuamente. Isso impediu que inúmeras revoltas tivessem êxito. Assim, o branco tinha o maior interesse em colocar pessoas de diferentes etnias no mesmo local, a fim de se proteger.

A quantidade de gente de cor que habitou as Minas Gerais no decorrer do século XVIII é de difícil aferição. Mas, sem dúvida alguma, o grosso da população era formado pelos negros, principalmente nos primeiros decênios do Setecentos. Aos olhos da população local, eles apareciam como numerosíssimos e amedrontadores. Fala-se mesmo que havia vinte negros para cada branco[5] nas terras mineiras. Esse exagero é, provavelmente, fruto do grande medo de revoltas e de ataques às vilas, arraiais e roças. Evidentemente o número de gente de cor variou no decorrer do século.

Logo os mulatos começaram a aparecer com maior freqüência, e as críticas e queixas dos poderosos do local eram grandes. Via de regra, os mulatos chegaram a ocupar posições relativamente vantajosas, e muitos deles, filhos de brancos de elevada categoria social e econômica, receberam heranças, além de alcançarem a alforria. Tudo isso suscitava animosidade. Ao lado dos alforriados, cujo número cresceu no fins do século XVIII, os mulatos eram inculpados de todos os males.

A alforria foi nesse momento mais facilmente concedida porque as minas tendiam a produzir sempre menos, e os proprietários libertavam seus escravos quando estes alcançavam idade avançada ou quando se tornavam, por qualquer razão, menos produtivos.

Assim, é difícil uma aferição precisa do número de pessoas de cor, negros e mulatos que habitaram a região

5. Julita Scarano, *Devoção e escravidão*, S. Paulo, Ed. Nacional, 1979.

nos diversos decênios do Setecentos. Mesmo a exigência do governo português, no sentido de que os escravos deviam ser elencados a fim de que seus donos pagassem impostos, nunca foi levada a cabo verdadeiramente. Os proprietários escondiam o número e usavam vários meios para burlar o fisco. Mesmo quando foi introduzido o sistema dos "Quintos", que não incidia diretamente sobre a quantidade de escravos, as burlas continuaram, por má-fé, descuido, ignorância. Isso irritava as autoridades locais e as lisboetas, que tudo faziam para mudar essa situação.

Conforme vemos, a documentação do período fornece escassas informações sobre inúmeros aspectos, inclusive sobre importantes questões que tecem o viver diário. Às vezes encontramos mais dados a respeito de cavalos, uma das preocupações das autoridades locais.

Apresentando tais falhas informativas sobre o elemento masculino, que constituía o grosso da população da Capitania, os documentos do período se mostram ainda mais omissos em relação ao grupo feminino. De fato, sua presença é em muitos aspectos quase invisível, difícil de detectar, sejam elas mulheres brancas ou de cor, exceto em facetas negativas. São mencionadas como cúmplices de concubinato, prostitutas, feiticeiras, ocultadoras de bandidos e de falcatruas.

Apesar disso, havia uma quantidade relativamente apreciável de mulheres que possuíam bens, faziam testamento, possuíam terras e escravos e realizavam negócios. Exercendo funções consideradas na época como masculinas, são mencionadas como os demais proprietários.

Entretanto, mesmo nas irmandades religiosas do período ocupam uma posição numericamente inferior, e seu papel aumenta apenas quando da tão propalada decadência da região.

Se as mulheres brancas viam-se desvalorizadas, a situação das negras e mulatas era muitíssimo pior, apesar de encontramos algumas proprietárias de escravos e de outros bens. As forras, mais que os alforriados, eram proprietárias no período. Apesar disso, eram citadas continuamente como arruaceiras, protetoras de negros fugidos, de bandidos, e como tentadoras dos pobres e incautos homens.

Os negociantes e as autoridades locais manifestaram especial aversão às negras de tabuleiro. O mercadejar ambulante oferecia um aspecto de clandestinidade, uma vez que dificilmente se controlavam as mercadorias vendidas, e também porque eram oferecidos os mais variados, e às vezes ilegais, produtos. As negras de tabuleiro eram muito populares, e mesmo pessoas de baixo poder aquisitivo eram suas clientes. Comprando e vendendo produtos nas vilas, roças e arraiais, gozavam de grande popularidade. As autoridades acusavam-nas de contrabando, e o fato de trabalharem por conta própria e, ainda mais, serem alforriadas ou livres, aumentava o desfavor em que eram tidas.

Freqüentemente acusadas de feitiçaria pelas autoridades eclesiásticas, as mulheres de cor eram mencionadas nas devassas como rés, cúmplices ou mesmo vítimas de feitiçarias.

Algumas trabalhavam e muitas exerciam variados misteres, sobretudo agrícolas. Mas aquele era um mundo masculino e tudo gravitava em torno do trabalho das minas de ouro ou de diamante, onde os homens é que tinham função. Isso, ao lado do intenso machismo, explica a escassez de documentação referente às mulheres. Nos primeiros tempos a diferença numérica era muito grande. Como um exemplo entre outros, em um rol para o pagamento dos Quintos Reais, em 1718, um proprietário, Pedro da Rocha[6], possuía dez escravos e apenas três escravas. Isso era bastante comum, e notamos também que as mulheres geralmente pertenciam aos pequenos proprietários ou proprietárias, algumas destas forras como a crioula Ana[7] e uma parda não identificada, que possuíam cada qual uma escrava mina.

O número de homens em relação ao de mulheres variou no decorrer do Setecentos, mas em meados do século ainda havia grande diferença; notamos equiparação maior quando começaram a predominar os crioulos, nativos do Brasil. Mesmo assim, muitos proprietários levaram seus escravos para Goiás ou Mato Grosso, e ainda havia relativa predominância masculina. Isso ajuda a explicar por que a documentação oficial e oficiosa que trata da região fornece escassa informação a respeito da condição feminina.

Este trabalho – essencialmente baseado em fontes primárias, ou seja, leis, Ordens Régias e outros documentos de autoridades locais ou lisboetas, cartas, pedidos, resoluções e respostas, livros de irmandades religiosas, devassas, maços de população, róis de escravos e de pagamentos, entre outros, quase todos manuscritos, conservados em arquivos brasileiros e portugueses – trata de vários aspectos do cotidiano.

Muita documentação perdeu-se e dispersou-se, ou tornou-se ilegível, por variadas razões, às vezes por incúria, e

---

6. OP, ACC, rolo 5, APM, vol. 2, MS.

7. OP, ACC, rolo 12, APM, vol. 81, *Matrícula de escravos de Conceição de Mato Dentro*, 1749, MS.

assim inúmeras questões interessantes tiveram de ser deixadas de lado. Outras pesquisas poderão levar a cabo diferentes abordagens significativas. Nesta obra o capítulo sobre o "viver nas Minas Gerais" visa a melhor explicar as características e as peculiaridades de uma área mineradora no século XVIII. Os três capítulos seguintes abordam questões alimentares, assunto primordial e base de toda a sobrevivência. O primeiro trata da alimentação em geral, fornecida pelos donos dos escravos, e do que comiam as populações mais pobres. A seguir, analisa-se de que modo a doença influía na alimentação, uma vez que esta era encarada como um meio de cura, sendo propiciada ao paciente uma comida diferenciada. O capítulo seguinte assinala aquilo que se desejava como alimentação e os meios utilizados pela gente de cor para obter complementação alimentar.

A moradia e o vestuário constituem outras facetas significativas, assinalando a precariedade da vida daquelas populações que ocupavam posições subalternas no período. Por outro lado, a questão dos quilombos e das revoltas mostra aquilo que era considerado contravenção pelos detentores do poder, mas era acontecimento normal e corriqueiro para os que viviam na condição de escravizados.

Com relação à saúde e à sobrevivência – que constituem aspectos indispensáveis para a vida humana –, notamos quanto os conhecimentos médicos e de saúde eram precários e como o apelo a outras formas de cura marcam o período.

Em suma, a documentação civil e eclesiástica mostra-nos como era pequena a consciência coletiva no século XVIII, mas isso acontecia também na Europa.

Não se nota pela documentação compulsada a existência de uma consciência humanitária.

No caso brasileiro, a lei emanada da metrópole, rigorosa e severíssima, era muito menos cumprida do que desejavam as autoridades. O mandonismo local constituía influência poderosa, mudando e alterando o que era desejado pelas autoridades metropolitanas.

Um aspecto que também chama a atenção é a ambigüidade de algumas questões, tanto em sua colocação como no modo de resolvê-las. Essa ambigüidade parece mesmo ser uma característica local e pode ser explicada por inúmeros fatores; o tipo de economia terá relevante papel. Na teoria, os senhores tinham completo domínio das situações, e o escravo, coisificado, não passava de um instrumento de trabalho. Na prática, a instabilidade econômica e a severidade da lei levavam mesmo a conluios e parcerias entre senhores e escravos, ainda que temporários, com a finalidade de burlar o fisco e o rígido controle português.

O viver nas Minas Gerais

Comparando com outras culturas, principalmente aquelas mais estudadas – como Pompéia, cidade escavada e analisada desde o século XVIII –, ou com lugares onde foram conservados inúmeros documentos, como a França, ficamos abismados ao constatar quão pouco foi escrito a respeito de nosso período colonial. Pouquíssimos visitaram o interior do país antes do século XIX, e são muito escassos os informes sobre a maneira de viver e as características dessas regiões. Os relatos governamentais, feitos pelas autoridades locais ou visitantes oficiais para conhecimento de outras autoridades, não se preocupavam em informar o que não tivesse interesse para o fisco ou para questões de mando. Os dados que temos são os do poder, e, se por um lado era preciso pedir licença para mudar uma capela de lugar, por outro lado faltam informes sobre questões referentes à gente de cor e mesmo aos seus donos, em relação aos mais comezinhos assuntos.

A prepotência e a busca de uma jamais alcançada organização consumiam resmas e resmas de papel, mas restam escassos os relatos da vida cotidiana. Moradas e objetos de uso, bem como de tortura, foram conservados por acaso. Restam mobiliário, santos e habitações das categorias mais elevadas, que se tornaram posteriormente material de moda e de comércio. Faltam-nos ruínas, grandiosas ou insignificantes, que permitam melhor avaliação da vida das pessoas de diferentes categorias naquele momento. O que resta começa a ser mais sistemática e profundamente estudado, e vai permitir uma mais cabal reconstrução daquilo que constituiu nosso passado colonial. No momento, como nos faltam também obras de caráter descritivo, os informes devem ser pescados nas entrelinhas do material encontrado e, sem dúvida, instruem menos do que se desejaria.

No decorrer do século XVIII o Estado vai buscando ocupar todos os espaços, sobretudo na época pombalina, e mesmo posteriormente, ou seja, a partir da segunda metade desse século. Mas sempre as relações pessoais tiveram enorme papel, mesmo passando por dificuldades de toda a sorte, inclusive a distância, pois as viagens levavam meses e as respostas chegavam quando não havia mais interesse; até as leis mostravam-se defasadas em relação aos problemas do momento. Assim, o relacionamento pessoal coordenou inclusive no sentido de reunir diferentes etnias em projetos comuns. Tal é o caso das uniões feitas com o fim específico de burlar o fisco e daquelas que reuniam grupos diversos (negros de várias etnias, mulatos e mesmo brancos), como nos quilombos, por exemplo. A mineração clandestina, o contrabando etc. também funcionavam como meio de aglutinação, reunindo as pessoas em questões de interesse local contrárias aos governamentais. A desobediência civil era capaz de juntar inimigos. O Estado, complexo, distante, deixava inúmeros espaços que eram ocupados pelos grupos que constituíam a população local. Evidentemente, destes, os brancos da administração, os benestantes, isto é, pagadores de impostos, e outros de projeção, riqueza ou prestígio exerciam posição dominante.

O Estado esforçava-se para ocupar todos os espaços, e conseguia em muitos aspectos. Tentava, por exemplo, controlar a questão do "parecer", buscando impedir que a gente de cor, negra ou mulata se colocasse em posições que lhe pareciam incompatíveis com sua situação jurídica, ou mesmo com sua cor. Daí procurar inibir toda e qualquer ostentação por esses grupos, vista como abusiva.

As diversas categorias de pigmentação da pele que se vão estabelecendo no decorrer do tempo têm quase sempre relação com as posições socioeconômicas dos indivíduos. Como os escravos constituíam a categoria mais desfavorecida da escala social, quanto mais próximo deles, pior a situação. Evidentemente não se pode separar a cor e a categoria social de maneira precisa, pois há negros forros senhores de fortunas relativamente significativas, mas, grosso modo, os que alcançam melhor posição econômica começam a se classificar ou são classificados de acordo com inúmeras gradações de cores intermediárias, algumas de difícil interpretação em nossos dias.

Apesar de existirem brancos e mulatos pobres, ninguém ignorava que naquela sociedade ser branco já constituía um valor social, e as pessoas não-brancas que atingiam melhor posição econômica podiam ser consideradas desviantes do padrão previamente estabelecido. Há diferenças entre as possibilidades que se colocavam diante de uma e outra etnia; há enraizados preconceitos que se manifestavam constantemente; e mesmo que se diga que existiam muitos mulatos que nasceram livres e "são de qualidade", "filhos de ministros que por tais os tratam", eram exceções. Não impediam que os mulatos fossem acusados da maior parte dos males que afetavam a região. Quanto aos negros – escravos ou não –, eram encarados como fontes de todos os males, mesmo que vistos como indispensáveis para a vida e o desenvolvimento local.

Esses dois aspectos marcam profundamente o modo como o escravo e o negro eram encarados pelos que se consideravam senhores da região: por um lado, a necessidade de mão-de-obra levava-os a proteger os próprios escravos, mesmo criminosos, e por outro havia o temor de revoltas, de ataques de quilombolas, de crimes. Diz D. Lourenço de Almeida[1]: "mete grande terror a imensidade de negros que tem estas terras, que todos são nossos inimigos e com justa causa, pela tirania precisa que lhes fazem seus senhores...", num raro rasgo de clarividência sobre as causas dos ataques. Mas, ao mesmo tempo, mostra-se que eles são indispensáveis ao bom andamento econômico da região. Além de seu valor como propriedade, constituem a única força de trabalho no momento, e para obtê-la todas as falcatruas são permitidas, como tirar da cadeia escravos presos por assassinato etc. Só interessava o que afetasse diretamente os donos.

Em relação ao número de escravos e àquele dos mulatos e forros, há estudos quantitativos que vêm sendo elaborados com competência. Do ponto de vista deste trabalho, sabemos que os brancos tinham a impressão de que os escravos eram numerosíssimos, chegando a vinte por um em determinados períodos[2].

A população negra não teve um efetivo crescimento, o que levou a uma contínua importação de escravos, pois

1. RAPM, ano 31, 1980, 29/10/1722, MS.
2. Julita Scarano, *Devoção e escravidão*, S. Paulo, Ed. Nacional, 1979.

era alta a mortalidade. Entretanto, esses cálculos foram, de certo modo, aleatórios, uma vez que os cômputos não eram precisos. Nas "Instruções de Martinho de Mendonça de Pina e Proença", de 1733[3], lemos que ele se informou miudamente sobre o número de escravos que se encontravam na Capitania, "tanto pela opinião de pessoas mais práticas e verdadeiras, quanto pelos rois dos donativos...". Vemos, portanto, o papel da opinião, mesmo que seja de pessoas de veracidade e prática, na elaboração dos cômputos, ao menos naquele momento. Sem dúvida, com a capitação (imposto pago por cabeça) as informações tendiam a ser mais precisas, apesar do grande interesse em esconder o número de cativos, uma vez que os impostos eram pagos pelo número de escravos que se possuísse.

Houve um crescimento populacional na Capitania, mesmo com a alta mortalidade, de resto comum em todas as partes, inclusive freqüente na Europa. Esse crescimento diz mais especificamente respeito aos mulatos, que nos últimos decênios do Setecentos constituíram uma apreciável parcela da população e adquiriram sempre maior significado do ponto de vista artístico, e mesmo econômico e social. De acordo com a documentação, as maiores acusações aos mulatos tiveram lugar na primeira metade do século, mas as razões teriam de ser pesquisadas. Além disso, eles tornaram-se parte apreciável dos grupos categorizados e chegaram a ser classificados e aceitos como brancos, principalmente pelos mais desfavorecidos. Nos últimos anos do Setecentos crescera o número de mulheres, e elas eram mais facilmente alforriadas do que os homens.

3. BH, APM SC 02, p. 137, MS.

Nos últimos decênios do século XVIII, paradoxalmente, não encontramos um grande número de proprietários de escravos. Havia uma tendência sempre maior de concentração da riqueza, conforme se pode notar pelas pessoas que alugavam seus cativos para a Real Extração de Diamantes, a maior sinecura e exploração de bens governamentais do Distrito Diamantino no período. Por exemplo, em 1780 havia cerca de 797 proprietários de escravos que os alugavam, alguns com mínima quantidade de cativos, mesmo um ou dois. Entre 1793 e 1796 havia 340 pessoas que tinham essa fonte de renda, geralmente senhores de um número maior de escravos. É como se apenas tivessem permanecido nesse negócio, considerado naquele momento bastante lucrativo, aqueles que tinham maior poder aquisitivo e mais escravos. Aliás, os problemas do período, a miséria reinante, conforme diziam, devem ter feito com que muitos não mais tivessem condições econômicas de ter cativos. Sucedeu o que acontece inúmeras vezes no Brasil, a miséria da maioria leva alguns a um enriquecimento maior.

Apesar de, estatisticamente, a maior parte dos escravos ter sido dedicada à agricultura, o que dava o tom e marcava a cotidianidade das Minas Gerais no século XVIII era mesmo a extração mineral: ela trazia a riqueza da região, a tornava diferente das outras áreas continentais, mais populosa e urbana, foco de atração de migrantes e do rígido controle governamental. Há um contínuo fluir de pessoas na maior parte do século, imigrando para a região. Apenas quando do esgotamento de lavras houve emigração, tanto de proprietários quanto de escravos, levados para áreas mais promissoras.

Grosso modo, não se processaram modificações substanciais no decorrer do Setecentos. O processo de transformação de uma sociedade é sempre lento, e nas Minas as mais significativas dizem respeito ao meio ambiente. Pelas descrições, havia "um continuo desfilar de bosques"[4], que foram sendo derrubados, muitas vezes queimados, para o cultivo e para o trabalho da mineração. Entretanto, não é fácil saber exatamente como eram, a não ser por intermédio de um estudo especializado. Do mesmo modo como a natureza nativa foi sendo expulsa e destruída com a presença dos exploradores, o indígena também sofreu um impacto similar.

De grande interesse também, apesar de não ser o escopo deste trabalho, é a questão do indígena. Esse assunto é mencionado mais comumente no decorrer dos primeiros decênios do Setecentos, quando o aventureiro que buscava descobrir minerais e enriquecer facilmente os via como um perigo, e tinha o pensamento fixo de desalojá-los e expulsá-los das terras que ocupavam. Enxergava tais indígenas como potenciais ou reais escravos, quando topava com dois ou três. Se bem que em épocas posteriores encontremos menções de escravos carijós, eles eram pouco numerosos.

Realmente, a preocupação com o indígena constitui uma das características do primeiro período, quando houve povoamento desordenado. A documentação mostra o primitivo habitante da terra como alguém que atrapalha os planos, um obstáculo a ser vencido. Rarissimamente é encarado como tendo direito à terra que seus ancestrais

---

4. Lisboa, BN, POM, Cód. 738, Miscellanea, MS.

haviam ocupado. Encontramos menção à escravização do indígena, bem como a um trabalho "pseudamente" livre exercido pelos habitantes do local. Por exemplo, os moradores de Raposo queixam-se dos índios das vizinhanças e pedem ao governo que mande afugentá-los. Pede-se que sejam usados meios brandos para isso, mas permite-se que fiquem presos, contanto que sejam "domesticados". Nesse caso é possível usá-los no trabalho[5]. É fácil imaginar as conseqüências dessa permissão. Os indígenas eram também utilizados como rastreadores, os mais eficientes que se poderia encontrar, inclusive no ataque aos quilombos, e exercendo um ou outro mister, muitas vezes coadjuvando as tropas, fossem estas as dos dragões ou das demais milícias auxiliares. Isso aconteceu no decorrer de todo o século.

É difícil uma periodização perfeita do Setecentos mineiro. Nos primeiros decênios o povoamento foi rápido e caótico. É a época em que a mineração, lucrativa, atraía paulistas e outros grupos, inclusive europeus, e um grande número de escravos foi trazido para trabalhar nas minas. Nos róis de escravos vemos que os africanos são a grande maioria, predominando os mina e os benguela, estes em número muito menor.

No segundo período, quando foi mais efetiva a exploração do ouro e desenvolveu-se a extração do diamante, os assuntos mais mencionados e que mais preocupam as autoridades, inclusive aquelas locais, dizem respeito aos problemas relativos à mineração, com ênfase especial nos escravos. As preocupações maiores são com a eficiência no trabalho, a criminalidade e desordem de que são continuamente acusados, e também a questão dos quilombos. Se

5. Lisboa, ANTT, Manuscritos do Brasil, L. 6, MS.

bem que haja menção e se procure encontrar e destruir os quilombos no decorrer dos séculos XVIII e XIX, é possível aferir que, naquele momento, os quilombolas e suas ações eram encarados como o perigo maior. Nos primeiros decênios, considerava-se que o "excessivo número de negros" constituía o grande problema, temendo-se toda espécie de revoltas, mas posteriormente a ênfase é dada à questão do aquilombamento, com ataques e roubos a vilas e arraiais, e também ao contrabando, de que negros e mulatos sofreram contínuas acusações.

O terceiro período tem preocupações de certo modo similares às daqueles anteriores, com acentuada afirmação de que a região se encontra em decadência econômica e as minas estão esgotadas. É esse o momento em que se buscam diferentes formas de resolver a questão, em que aumentam os relatos e os diagnósticos a respeito dos males do local e do modo como estes podem ser sanados. É quando um governador deixa instruções a quem o deve suceder, fazendo relatos, alguns bastante pessimistas, outros julgando possíveis as soluções, se houver empenho nas reformas. Do ponto de vista do escravo, é o momento em que se afirma que os cativos devem ser melhor e mais racionalmente tratados, se fala mais em doenças desses grupos, se menciona continuamente a vinda de escravos de outras partes do Brasil, sobretudo da Bahia e Pernambuco, para as Minas Gerais e, em contrapartida, a saída de escravos para outras regiões de mineração. Parece ser o momento da migração interna mais acentuada.

Os mestiços e mulatos, mencionados e criticados no decorrer de todo o século, ocupam maior papel na área nos últimos decênios. Eles constituem o grupo que teve maior crescimento populacional.

Também o aumento do número de alforriados, inclusive em decorrência da miséria, faz com que os grupos de mulatos e forros passem a ter maior importância, ao menos muito maior do que os "homens bons" do local gostariam que tivessem. Muitos dos mulatos e forros são donos de escravos, participam ativamente na vida artística local, na construção e ornamentação das igrejas, na música, na feitura de santos e em tudo o mais. Do ponto de vista econômico, possuem vendas e lojas, cultivam cana e fabricam cachaça, são ferreiros, alfaiates, padeiros etc. Entretanto, nenhuma das atividades introduzidas foi capaz de fazer face ao desgaste da economia, que tinha como suporte a mineração, e esse relativo sucesso dos grupos de cor serve para acentuar as rivalidades. Nunca foram tão numerosas as acusações de que estes eram os principais contrabandistas, apoiavam e ajudavam os quilombolas etc. Enfim, eram acusados de todos os males por aqueles que desejavam afastar de si a pecha de malfeitores e temiam ver acusados os escravos, que, presos, lhes fariam falta.

Fenômenos como o contrabando aumentaram ou são mais mencionados, e busca-se no endurecimento da lei, ao menos no seu cumprimento, sanar o que se considera a decadência da região, em todos os sentidos, principalmente no econômico. Essas mudanças superficiais, entretanto, não trouxeram reais modificações na vida local, apenas se acentuaram alguns dos fenômenos já existentes.

Havia uma movimentação de pessoas pela Capitania e fora dela no decorrer do século XVIII. Era relativamente contínua a chegada de africanos ou mesmo de pessoas vindas da Bahia ou de Pernambuco. A chegada de recém-vindos fazia com que crescesse a lista dos "adventícios" que eram matriculados. Nos primeiros decênios a maioria era constituída por escravos mina, além de benguela, congo, angola, cabo-verde e outros. No início do século quase todos eram "de nação", conforme mencionam, com pouquíssimos crioulos. Havia uma grande diversidade, e algumas nações contavam com pouco mais do que dois ou três representantes nas listas. Apesar da escassez de indígenas, volta e meia encontra-se menção a algum bugre. Também registra-se um aumento no número de mulatos escravos com o passar do tempo.

As classificações de escravos eram muitas vezes feitas pelo aspecto pessoal, como "Antônio comprido", por exemplo, ou pela idade: "Manoel mulleque"[6]. Chegavam mesmo a classificar alguém como casado, sem outras explicações além do nome.

Nota-se que procurava-se listar os escravos para pagamento, mas tudo era feito para possibilitar a burla. Havia gente com número reduzido de escravos, que não deviam ser empregados na mineração, como uma Maria carijó, possuidora de um único cativo. Essa indígena, que tinha apenas um escravo, serve de contrapartida para inúmeros que tinham somente um ou outro escravo, geralmente carijó. Isso vem mostrar uma participação efetiva do indígena, forçada ou não, na vida local. Tal é o caso de São João del Rei no segundo decênio do século.

Em meados do século ainda continuavam a vir os escravos mina, que formavam a esmagadora maioria, conforme as listas de matrícula[7], seguidos pelos mesmos grupos antes mencionados.

---

6. OP, ACC, documentação microfilmada do APM, rolo 5, vol. 2. Rol para pagamentos dos Quintos Reais, 1718, MS.

7. OP, ACC, rolo 12, vol. 81, por exemplo.

É interessante notar que uma lista de Conceição de Mato Dentro, em 1749, nos dá uma visão clara de como se apresentavam os proprietários daquela época. Dos 174 proprietários elencados, 33, ou seja, 11,7%, só possuíam um escravo; dez, apenas dois; doze, não mais do que três escravos; o que faz com que 19,5% da população benestante contassem com mão-de-obra escassa. Apenas nove proprietários eram donos de mais de dez escravos cada um, e apenas dois dentre eles tinham mais de vinte escravos, o que mostra que em um local relativamente pequeno a maior parte dos que tinham propriedade contava com um pequeno ativo, constituindo uma categoria que se poderia chamar de baixa classe média, pessoas de poucas posses.

Em relação aos escravos, enquanto os mina são 182 de um total de 271 escravos; 46 são angola; nove, cabo-verde; sete, cabras ou crioulos do Brasil; três, mulatos; cinco, benguela; três, cobus; apenas dois, de Moçambique; e os outros grupos contam com um ou dois representantes apenas. Os registros de sete pessoas não trazem a nação ou estão ilegíveis. Vê-se que mesmo em um lugar pequeno como esse há uma grande variedade de etnias, se bem que naquele momento ainda os mina fossem a grande maioria.

Há, entretanto, em Ouro Preto, o Inventário do capitão Francisco da Rocha Barbosa[8], onde constam seis crioulos (três homens e três mulheres), dois mulatos e apenas três negros ou africanos.

Outro informe curioso que também pode servir de amostragem do que acontecia no local diz respeito à ida-

---

8. OP, Arquivo Histórico do Museu da Inconfidência, 1º Ofício, Cód. 56, MS.

de dos escravos. Note-se que há precisão nesse informe, se bem que me parece difícil que tivessem conhecimento da idade exata dos cativos, que vinham de longe muitas vezes adultos ou que assim chegaram às minas. Mas há informação sobre a idade que considera-se exata, e raramente as listas dizem que não há segurança a respeito desse dado. Quase todas elas informam com precisão, e mesmo que isso pareça aleatório, dada a dificuldade de informação, ao menos podemos conhecer as idades aproximadas dos escravos que se encontravam nas minas.

Dentre um total de 286 escravos elencados, a dezoito deles atribui-se idade inferior a quinze anos. Sessenta são elencados como entre 15 e 24 anos; e 110, entre 25 e 34 anos, enquanto 66 têm entre 35 e 44 anos. Conforme podemos ver, o maior percentual concentra-se na idade mais produtiva para o tipo de trabalho que deveriam realizar, ou seja, 38,46% têm entre 25 e 34 anos. Apesar da tão mencionada vida curta dos negros, há 26 na faixa de 45 a 54 anos, e seis com mais de 55 anos. É possível que o aparente envelhecimento os levasse a classificar escravos com 63 anos ou mesmo mais, idades dificilmente alcançadas por pessoas de qualquer categoria no período.

Outro informe que me parece bastante valioso e que as inúmeras listas que se conservam mostram-nos diz respeito a uma relativa profissionalização dos escravos. Não apenas os negros e mulatos livres dedicam-se a variadas profissões, mas os escravos são profissionalizados, dedicados a um mister específico e fora do trabalho na agricultura e nas minas, e elencados como tais em algumas listas.

Os mulatos e negros forros realizam trabalhos de variadas categorias, e mesmo aqueles "ganhando para a alforria"[9] dedicavam-se a funções mais lucrativas e menos perigosas que as das minas de ouro ou de diamantes, que eram vistas como difíceis e capazes de abreviar a vida[10].

Dentre as profissões mais mencionadas encontramos carpinteiro, ferreiro, músico, cozinheiro e alfaiate. Há portugueses e mulatos que também se dedicam a esses misteres, mas mesmo negros escravos são elencados como profissionais. Outro trabalho exercido geralmente pelos mulatos é "vigia de canoas". Trata-se daqueles que controlam diretamente o trabalho exercido pelos que mineram e, ao menos teoricamente, impedem que escondam o produto obtido a fim de negociá-lo por conta própria. Um trabalho desse tipo não deixa de ser relativamente prestigiado; ao menos quem o exerce tem atitude e comportamento nesse sentido.

Muitos ferreiros são mencionados, e eles têm a dupla função de consertar as ferramentas vindas de fora e fabricar instrumentos para a mineração e outras funções. Há muitos negros trabalhando nas tendas de ferreiro, muitas vezes como escravos de seu proprietário, mas alguns forros tinham tendas próprias.

Quanto aos músicos, a atividade das pessoas de cor nesse aspecto foi primordial, e ninguém ignora o papel que tiveram os grandes compositores, na maioria mulatos, que deram à música mineira do período um título de excelência.

Em relação à música mais corriqueira e popular, não deixa de ser significativo que se critique o tipo de música que se usa mesmo na igreja, com acentuada influência africana. Tais músicos foram acusados de usar de profanidades

9. Lisboa, TC ER, 4088, MS.
10. Porto, BPMP, Cód. 296, MS.

na igreja, tanto "nas letras quanto na solfa", classificadas mesmo de indecentes[11]. Houve uma campanha para que não fosse permitida dentro da igreja, o que não impediu que isso acontecesse fora dela, pelas ruas. Havia "cantantes" em todas as festas, que delas participavam inclusive colaborando com os que vinham representar comédias. Evidentemente, havia a participação ativa de toda a população. Vilhena, por exemplo, diz que cantam canções gentílicas, em línguas diversas[12].

Outra profissão exercida pelos negros forros e escravos era enfermeiro. Os donos encaminhavam os escravos para trabalharem, provavelmente, em hospitais e Santas Casas, mediante remuneração superior à de quem tinha escravos empregados na Real Extração de Diamantes, por exemplo. Havia também outro aspecto que valorizava essa profissão aos olhos dos senhores e dos enfermeiros: era o tipo de tratamento que eles recebiam. Muitas vezes a comida consumida confundia-se com aquela dos doentes, que, conforme veremos posteriormente, era superior à consumida pelos outros escravos. Colocados à parte dos demais escravos, os enfermeiros tinham profissão mais desejável do que a grande maioria que era carreada para a agricultura e para a mineração.

Ao lado dos enfermeiros, e exercendo de certo modo função similar, temos os feiticeiros e as feiticeiras. Pelos livros de Devassas é possível verificar que membros das mais variadas categorias sociais e econômicas procuravam os seus serviços. Esse assunto já foi e vem sendo estuda-

11. Mariana, AAM, Cartas, ordens, provisões, avisos, 1752-1822, MS.
12. Bras do Amaral, *Cartas de Vilhena*, 2 vols., Bahia, Imprensa Oficial do Estado, 1922.

do[13], e mostra-nos a importância dos assim chamados feiticeiros, e mesmo seu prestígio no seio daquela comunidade.

A participação da gente de cor nas festas do período colonial foi essencial para seu brilho. De resto, as comemorações religiosas – a grande maioria – e cívicas eram o lazer mais importante naquele tempo, o momento de repouso em meio à faina e ao trabalho de sol a sol.

Para um relativo descanso, havia o domingo e os dias santos, que eram vistos como feriados. Existiam cerca de 29 dias santificados fixos, além das festas móveis, como a Ascensão, o *Corpus Christi*, muito cultuado, e outros. Isso dava uma larga possibilidade de festas, além daquelas cívicas, que deveriam ter geral participação.

Se muitas vezes os senhores tentavam burlar as autoridades eclesiásticas, fazendo com que seus escravos trabalhassem em dias santificados, dificilmente conseguiam impedir a participação nas festas. É evidente que muito dependeu da pessoa do dono e das características locais, mas como regra geral as comemorações religiosas e as civis serviam de pretexto para reuniões, danças e encontros.

Não se pense, entretanto, que tais festas eram organizadas de modo totalmente livre. Na época de Martinho de Mendonça Pina e Proença, pelos anos 30 do Setecentos, houve idas e vindas para se conseguir realizar uma festa de acordo com os desejos da população, ao menos daquela mais atuante[14]. Foram contratados "lobinhos" para cantar e "outros dançantes" para representar comédias na Vila

13. Laura de Mello e Souza, *O diabo e a terra de Santa Cruz*, S. Paulo, Companhia das Letras, 1987, e outras obras de vários autores.
14. Lisboa, ANTT, Manuscritos do Brasil, L. 5, MS.

do Príncipe, e a custo conseguiu-se licença das autoridades para que tudo fosse feito conforme se desejava. Os organizadores de tal festa, com alta despesa – um dos motivos do desfavor das autoridades –, prepararam tudo com grande requinte, trazendo artistas de outros lugares. Eram festas que duravam vários dias, e a finalidade explícita, segundo os organizadores que lutaram para conseguir as licenças, era "pedir aos santos remédio para o miserável estado em que se achavam estes moradores". Vê-se que não se temiam os gastos capazes de valorizar os santos e dar à população a oportunidade de assistir a comédias, danças e cavalhadas, com mascarados pelas ruas, o que também desgostou as autoridades.

Havia novena e missa cantada na igreja, e dança na procissão. As arruaças que tiveram lugar em frente à Igreja de Nossa Senhora do Rosário, padroeira dos negros, foram certamente fora do programa.

Até que ponto os escravos participavam das festas públicas? Não é fácil responder a tal questão, uma vez que os informes dizem mais respeito às arruaças e aos problemas suscitados pela gente de cor do que àquilo que faziam no momento das festas. Entretanto, participavam das procissões, o que nos prova que estavam também nas comemorações fora da igreja, pelas ruas dos arraiais e vilas. Eles mesmos mencionam tais participações em livros de suas irmandades.

Dada a característica daquelas áreas urbanas, era impossível confinar a maior parte da população quando se realizavam festas que não emanavam de seus grupos. De resto, os visitantes e viajantes de épocas pouco posteriores ao século XVIII notaram a participação de pessoas de todas as cores e categorias, e elogiaram tais festas pelo colorido e pelas danças. Mas as danças e o barulho eram criticados com grande ênfase, do mesmo modo que Vilhena fala de imoralidade e lascívia.

Quem se encontrava nas lavras ou roças não tinha oportunidade de participação em festas urbanas. Mas menciona-se que os negros realizavam festas, e isso, sem dúvida, dependia de uma ação e também de uma permissão de cunho mais individual.

As festas nos quilombos deviam ter características mistas, com influências várias, uma vez que dificilmente se deixava de cultuar os santos católicos, bem como os do panteão africano. Entretanto, sobre elas não encontramos informes até o momento.

O alimento do homem de cor no século XVIII

Os hábitos alimentares oferecem grande interesse para os que desejam conhecer o local e o período, pois propiciam informações essenciais para compreender o momento, aquilo que o caracteriza e mesmo as estratégias de sobrevivência dos diversos grupos e categorias sociais.

O negro e o mulato, escravo ou forro, constituem o maior contingente populacional nas Minas Gerais do século XVIII e, fazendo parte das categorias mais desfavorecidas, sofrem as agruras dos problemas que atingiram periodicamente o consumo, além de serem os que têm o mais precário alimento do período.

Evidentemente, o conceito de alimentação não coincide com o que veio a ser preconizado posteriormente, e assim é preciso ater-se àquilo que se julgava necessário e suficiente naquele momento.

Previamente, entretanto, devemos assinalar que não existe e sequer pode ser imaginada uma nítida separação entre o que os negros e mulatos consomem e o que era o alimento dos demais habitantes da região. Esta, como um todo, apresenta períodos de abundância e, mais ainda, de carência, trazidos pela falta de alimentos e excessiva dependência em relação às áreas litorâneas, distantes e de difícil acesso. Os primeiros anos ou os dois primeiros decênios do século XVIII permaneceram na memória como períodos de tremendo desabastecimento, dado o rápido e aventuresco povoamento. Essas carências que irão se repetir em épocas posteriores, não tão agudamente, afetaram todas as camadas populacionais, particularmente as mais desfavorecidas.

No entanto, este estudo tem por objetivo mais especificamente os escravos, categoria à parte, e aqueles que eram chamados na documentação do período de "gente de cor", a maioria dos quais, dada a sua pobreza e miséria, era mais propícia a sofrer restrições alimentares.

Considerarei como alimento aquilo que se diz especificamente necessário à preservação da vida do indivíduo, à manutenção de sua força de trabalho. Quanto à comida, considera-se aquilo que trata da parte gustativa, que busca um fundamento de cunho tradicional ou relaciona-se com um convívio social.

Uma questão preliminar que não pode ser esquecida é a que diz respeito às fontes das informações, uma vez que, conforme assinalamos anteriormente, se encontram basicamente apenas fontes emanadas do Poder, mais interessado em outras questões. Documentação oriunda das irmandades e poucas outras partem de grupos mais pobres. É preciso ler nas entrelinhas e, não havendo outras fontes, temos de lidar com aquelas que podemos encontrar.

Quanto ao alimento em si, em se tratando do escravo e de outras categorias subalternas, este foi sempre insuficiente na quantidade, qualidade, variedade e calorias, além da falta de vitaminas e sais minerais. Entretanto, essas deficiências, além de mais acentuadas entre os pobres, eram próprias do período, que tinha suas crenças e avaliações a respeito das virtudes alimentícias dos diversos produtos, além de julgar maléficos alguns que atualmente nos parecem bons. Mas foi a precária alimentação uma das causas principais da baixa expectativa de vida do homem de cor no decorrer de todo esse século, o que levou a uma contínua importação de escravos, único meio de suprir a deficiência de braços tanto nas minas quanto nas lides agrícolas. Esse não constituía, naquele momento, um problema só brasileiro, mas mundial.

A agricultura na região, apesar de se ter desenvolvido com o avançar do século XVIII e a decadência mineral, não era suficiente para suprir as necessidades do lugar, conforme assinala Martinho de Melo e Castro em suas "Instruções para Dom Antonio de Noronha", em 1775[1], dizendo o quanto a região era dependente do Rio de Janeiro e da Bahia. De resto, as Minas Gerais eram centro de demanda na América Portuguesa. As autoridades metropolitanas chegam mesmo a advertir que era preciso cautela, pois não era possível esperar continuamente alimentos vindos de Lisboa (1781)[2].

Como era de se esperar, os grupos mais pobres consomem alimentos em sua maioria produzidos no local, com exceções que mostraremos posteriormente. Havia plantações feitas especialmente para consumo de escravos e de pessoas de pouco poder aquisitivo. Na Real Extração de Diamantes, nos últimos decênios do Setecentos, julgou-se mais econômico comprar o alimento para os escravos de particulares, em vez de ter roças próprias. Como é provável que os dirigentes locais colocavam no rol das despesas com a

1. Lisboa, BN, POM, Cód. 643, 24/1/1775, MS.
2. Lisboa, ER, Cód. 775, nº 4, MS.

roça quantias muito superiores às reais, buscava-se, dessa forma, cortar uma fonte de abuso[3]. Parece, inclusive, que havia mais vendedores do que compradores de produtos alimentícios, o que faz supor que nos anos 70 do século XVIII já se manifestava a tão propalada decadência da mineração. Recomenda-se que se busque sempre o preço menor, em meio aos que aparecem como exorbitantes.

O padrão alimentar do escravo e, em linhas gerais, do homem de cor não difere fundamentalmente no Brasil do século XVIII: continua com a base, que fora estabelecida desde os primórdios, formada por farinha de mandioca ou de milho feita com água e mais alguns complementos. Trata-se, pois, de ingredientes de origem americana, ou seja, a mandioca de tipo americano substitui o inhame africano, e o milho deste continente será o substituto do milharete. Portanto, a influência local, como não podia deixar de ser, substitui e toma o lugar de outras possíveis influências, de resto muito mais difíceis de serem mantidas, sobretudo em se tratando de escravos. Mas são alimentos que não contrariam os hábitos dos africanos e, assim, puderam ser aceitos.

Ninguém ignora que a mandioca constituiu a base alimentar das áreas litorâneas, ao passo que o milho foi mais utilizado nas terras mineiras. Ambos não são excludentes, e essa diferença é apenas de predominância.

Em Minas, o angu de fubá cozido na água e o feijão-preto, algumas vezes feito com toucinho ou carne, não constituíram apenas o alimento do escravo, mas também do negro e mulato livre, e mesmo do branco pobre. No rol de "Despesas na Extração dos Diamantes", ano de

3. Lisboa, TC ER. 4088, 1771, MS.

1775, no Serro do Frio[4], estão elencados milho, fubá, feijão, carne, sal e azeite de mamona (geralmente usado para iluminação), que constituem o grosso da despesa para a manutenção do escravo. Os viajantes, em períodos posteriores à época em estudo, fornecem-nos inúmeras informações sobre a dieta dos escravos, e Mme. Toussaint[5] notou que a comida dos negros era preparada em dois caldeirões, um com feijão e outro com angu de mandioca. Cada escravo vinha com sua gamela e recebia também um pedacinho de carne de má qualidade. Ela ficou horrorizada com a comida, afirmando que os escravos se queixavam. Essa afirmação a respeito da qualidade e do tipo de alimentação fornecida aos escravos diz respeito a uma fazenda do Rio de Janeiro em época posterior à de nosso interesse, mas não deixa de ser significativa, pois mostra o tipo de alimento, a sua precariedade para suprir as necessidades calóricas de um trabalhador. Aliás, o governador Rolim de Moura, de Vila Bela, menciona em 1757 que os escravos de Cuiabá não recebiam alimento suficiente para o trabalho que realizavam.

Essa questão é colocada no decorrer de todo o período colonial, se bem que poucos tenham dela consciência e a mencionem. De resto, o material empírico que se encontrou até o momento não permite uma análise quantitativa. Da documentação que pesquisamos, as mais passíveis de uma análise nesse sentido são a que se encontra no Erário Régio, arquivo do Tribunal de Contas de Lisboa, e poucas outras. Apesar de haver em alguns documentos

4. Lisboa, TC ER, 4084, MS.
5. *Viagem de uma parisiense ao Brasil (estudo e crítica dos costumes brasileiros)*, Rio de Janeiro, Typ. Imp. e Constit. de J. Villeneuve, 1883.

uma quantificação de pesos e medidas de alimentos, raramente menciona-se quantos escravos ou demais pessoas consomem aquilo que foi comprado. Mesmo havendo, teoricamente, um número determinado de escravos, limite estabelecido pelas autoridades metropolitanas para evitar toda ordem de excessos, isso nada significa na prática, uma vez que todos os membros grados da comunidade, e mesmo da administração, aumentavam a seu bel-prazer tal número. Era o modo de receber proventos pelo aluguel dos seus escravos e também de alimentá-los à custa da Real Extração de Diamantes. O mesmo acontece em outras atividades econômicas, havendo discrepância entre o estabelecido e aquilo que acontece na prática.

As contínuas falcatruas, os desmandos e as confusões mereceram reiteradas queixas, ordens e contra-ordens das autoridades lisboetas, sempre com pouco resultado. O fornecimento de alimentos nos trabalhos dos governos significava um atrativo para os senhores de escravos, e, muitas vezes, mesmo recebendo pouco pelo aluguel desses cativos, julgavam valer a pena por causa do "sustento". Este consistia inclusive de um "jantar", que era o momento de conferir o "ponto", isto é, ver quem havia trabalhado. Nos últimos anos do século XVIII alguns senhores empregavam seus escravos apenas "pelo sustento", ou mesmo os alforriavam para evitar despesas de alimentação. Que a comida era cara pode-se avaliar pelo fato de um funcionário da Real Extração de Diamantes, chamado Caixa do Ouro, ganhar 200 mil-réis de ordenado e 120 de comedoria[6]. Isso, entretanto, aconteceu apenas em momentos de exceção, nos der-

6. Lisboa, TC ER, 4088, "Exposição dos Abusos que se praticavam na Adminstração da Real Extração de Diamantes", 1780, MS.

radeiros anos do século. Em determinados períodos, por outro lado, há quem diga que Minas bastava a si própria e não necessitava de alimento produzido em país estrangeiro[7].

A classificação das terras como pouco férteis, áridas ou férteis e úteis para a agricultura variou no decorrer do século, conforme a região da Capitania e de acordo com o ponto de vista de autoridades que informaram Portugal a respeito dos acontecimentos da área.

Passado o primeiro momento de exploração aurífera – quando não se pensava sequer em agricultura –, logo surge a preocupação com o consumo, com o modo menos dispendioso de alimentar escravos e agregados sem que se deixasse de lado a importação de comida, indispensável para suprir as necessidades das categorias mais favorecidas. Mafalda Zemella[8] já nos mostrou a importância do comércio na região mineira e como funcionava o sistema de abastecimento.

Constituindo a força de trabalho do local, é natural que o alimento dos escravos fosse uma preocupação de seus donos. É curioso e significativo, entretanto, que pedidos e cartas de autoridades para autoridades lisboetas ou superiores às primeiras mencionem muito mais questões relativas à alimentação dos cavalos que à dos escravos. A alimentação dos cavalos constitui, pela documentação, uma constante fonte de preocupação, e esse aspecto merece um estudo e uma análise mais cuidadosa. Em linhas gerais, é possível adiantar que os cavalos são vistos como os semoventes que

7. Lisboa, BN, POM, Cód. 738, MS.
8. Mafalda Zemella, "O abastecimento da Capitania das Minas Gerais no século XVIII". Tese, USP, S. Paulo, 1951.

merecem mais consideração do que quaisquer outros e, por outro lado, há um aspecto que mostra uma outra e talvez contraditória faceta da questão. Não se pode deixar de notar que os documentos nos levam a compreender que os escravos, de algum modo, tinham meios de não chegar a uma completa escassez alimentar que lhes traria a morte, e a perda para seus donos de um bem valioso. Custavam muitíssimo mais que o preço dos animais. As peculiaridades e as características da região possibilitavam ao escravo, de maneira precária, suprir de algum modo uma possível falta de comida, conforme veremos posteriormente.

Escreve-se muito pouco a respeito da alimentação de escravos, e essa desvalia dificulta uma real aferição desse aspecto indispensável e significativo para compreender um local e uma civilização. Mas há exploração e desperdício quando se trata de alimentá-los à custa da Fazenda Real, conforme vemos com a perda de quarenta alqueires de farinha de milho estragada nos paióis[9].

Conforme mencionamos, o angu de fubá cozido na água forma a base alimentar de livres pobres e de escravos. Henderson[10] é um dos que assinalam o uso mais constante do milho que da mandioca nas terras mineiras, formando uma espécie de farofa que, segundo Câmara Cascudo, não difere da encontrada na África[11]. Trata-se, portanto, de um bolo alimentar que não utiliza particularmente os dentes para ser comido, próprio para ser con-

9. Lisboa, TC ER, 4088, MS.
10. James Henderson, *A History of Brazil*, London, Longman, 1821.
11. Luís da Câmara Cascudo, *Made in Africa*, Rio de Janeiro, Civilização Brasileira, 1965.

sumido mesmo por quem não possuísse dentes suficiente-
mente fortes e sadios para triturar um alimento duro. Também não exigia muito tempo para ser preparado e
ingerido. Por outro lado, não pede o uso de instrumentos
cortantes. No século XVIII inicia-se realmente a
individualização do consumo alimentar, divulgando-se o
uso de pratos e dos vários tipos de talheres individuais.
Isso na Europa, nos países já bem desenvolvidos. Por isso,
não nos espanta que os escravos mineiros comessem em uma
gamela simples e comunitária. O preparo e o consumo dos
alimentos realizava-se de modo coletivo. Esse alimento não
difere grandemente daquele consumido pelas camadas mais
pobres e mesmo pelas categorias médias baixas, conforme
assinalam documentos e, posteriormente, os viajantes que
adentraram na região das minas.

O milho parece ser o alimento mais polivalente dessas
regiões: era o que se oferecia aos negros, às bestas de carga
e, ao mesmo tempo que alimentava o boi, era a base do
consumo do escravo boiadeiro, daquele que trabalhava
nas lavras e do que fazia o serviço dos armazéns. De resto,
foi o alimento que os bandeirantes esperavam crescer para
ter certeza de não morrer de fome.

Nas listas de compras que sustentavam os escravos, o
milho era sempre o primeiro ou um dos primeiros a ser
mencionado, seguido do fubá, do feijão, da carne, do sal,
do azeite de mamona e do fumo. Na região dos diamantes
diz-se expressamente que constituía o principal alimento
da população escrava[12].

12. Lisboa, TC ER, 4088, MS.

De resto, desde os anos 20 do Setecentos, D. Lourenço de Almeida[13] já assinalava que o milho constituía o principal alimento da população, formada por esmagadora maioria de gente de cor. O milho, sendo vendido em maçaroca, isto é, sem debulhar, com as suas folhas, impede que se calcule as quantidades, pois é difícil saber com precisão o número de espigas que cabiam em um alqueire. Depende da quantidade de palha que era colocada junto.

Apesar da variação de preço no decorrer do século, o milho sempre foi relativamente barato, seu preço decrescendo nas épocas de maior abundância e sendo considerado abusivo nos momentos de escassez. Nas épocas em que era barato, chegava a ser vendido por catorze ou quinze tostões o alqueire, para chegar a 3 mil-réis o alqueire em alguns momentos. A documentação não se refere tão especificamente ao preço da mandioca.

O angu de milho foi complementado por um caldo de feijão, mais ou menos grosso. A esse alimento de origem africana adicionava-se, na região, um pedaço de toucinho, tão difundido e consumido em Portugal. O toucinho, apreciado pelos escravos por causa do sabor e substância, torna-se mais consumido com o desenvolvimento da criação de suínos, que permite seu consumo mesmo entre os grupos mais desfavorecidos, e os senhores de escravos o acrescentavam na sua alimentação, ao menos algumas vezes.

Outra necessidade, esta imprescindível, era o sal. Vindo de fora com dificuldade e posteriormente das barrancas do São Francisco, o sal constituía uma contínua fonte de preocupação. Apesar do baixo nível cultural de grande

13. RAPM, ano XXXI, 1980. "Cartas de D. Lourenço de Almeida ao Rei", ano de 1726.

parte dos proprietários de escravos, que não permitia estabelecer uma ligação entre alimento e preservação da vida e do potencial energético de seus cativos, a maioria deles julgava o sal indispensável para a sobrevivência, conforme se depreende da documentação e da informação das autoridades locais.

O sal, necessário também para o gado, parece ter adquirido uma mágica áurea de alimento capaz de melhorar o nível do trabalho. O mesmo aconteceu com a aguardente. A falta de sal, diziam, provoca inclusive papeira[14]. O sal é um "gênero da produção de Portugal[15] considerado como tão necessário que não apenas os habitantes, mas também os animais, não podem passar sem ele. Chega até a ser 93% mais caro na região do que é vendido no Rio de Janeiro".

A aguardente que se valoriza e que se julga capaz de influenciar positivamente é aquela do Reino, ou seja, a mandada vir de Portugal e, por isso, cara e bem mais rara. Apesar disso, julgava-se muitas vezes necessária, e a única capaz de trazer benefícios aos doentes. A cachaça, ou aguardente de cana, vista como fonte de malefícios, era, em determinados tipos de trabalho, oferecida aos negros logo pela manhã, para protegê-los da friagem. Dar outra bebida seria muito dispendioso. A considerada medicinal e boa era aquela do Reino, mandada vir por barris, e um dos itens alimentares importados pela Real Extração de Diamantes. Sempre que se fala da cachaça nacional se elencam os males que ela pode produzir.

Nesse, como em outros aspectos, nota-se a xenofobia, a valorização da Europa em detrimento da produção local.

14. Papeira – da medicina popular, fócio ou qualquer mal da tiróide.
15. Lisboa. BN, POM, Cód. 643, MS.

É evidente que em relação aos alambiques locais havia outros aspectos capazes de trazer a desconfiança e o desfavor das autoridades. Proibidos e clandestinos, utilizavam braços vistos como mais úteis na mineração. Mas, sendo a aguardente considerada proteção nos trabalhos insalubres e por isso distribuída aos escravos, era vista como necessária. Era valorizada como energética, enquanto a local, encarada como fonte de embriaguez e de malefícios, constituía uma pálida substituição.

O fumo, visto como uma espécie de energizante, era distribuído aos escravos e consta sempre das listas de compras. Por outro lado, apreciado, era prêmio e agrado ao escravo merecedor de elogios.

Largamente adquirido pelos cativos e por toda a gente de cor, via-se considerado como fonte de gastos excessivos e como incentivo ao roubo. As autoridades locais diziam serem a bebida e o tabaco os motivos de tantos pequenos roubos. De qualquer modo, o fumo era encarado positivamente, e o "pito" aparecia mesmo como um sinal de distinção.

Portanto, na região das Minas o padrão alimentar tinha como fundamento produtos americanos – o milho em primeiro lugar –, mas buscava-se, não deliberada e conscientemente, não contrariar os padrões alimentares africanos. Havia, por outro lado, uma valorização e quase mitificação dos produtos originários do Reino. Isso se manifesta principalmente em relação aos doentes, assunto que será analisado adiante.

A documentação nos informa também que o homem de cor livre e mesmo escravo não deixava de complementar sua alimentação por iniciativa própria, aproveitando-se de toda e qualquer circunstância favorável. A caça, sobretudo a de codorna, perdizes e outras aves, é constantemente mencionada. Daqueles animais de maior porte, o veado é o mais procurado e constitui o alimento dos caçadores[16], e nestes incluía-se muita gente de cor. As autoridades afirmam que os negros "...tem os alimentos que dá o mato"[17]. As peculiaridades da região e da economia local eram de molde a trazer inúmeras circunstâncias favoráveis a uma relativa liberdade de ação. Os extraviadores, não importava a sua cor, viajavam com um pouco de farinha e sobreviviam da caça[18] e também dos "frutos" agrestes do mato, mostrando que a iniciativa própria também tem importância.

Muito mais do que raízes, legumes e hortaliças relativamente menos consumidos, as frutas têm papel significativo. José Joaquim da Rocha, no período em que viveu na Capitania, anos 60 do Setecentos, menciona muitas vezes que se distribuíam pelas diversas vilas e arraiais principalmente caju, jabuticaba, mangaba, além de limões, abacaxi, melancia, banana, frutas de origem local ou já adaptadas. Os que descreveram o local falam que os frutos silvestres eram encontrados no decorrer de todo o ano, aumentando de quantidade na estação própria. Sem dúvida, pessoas de todas as categorias serviam-se de tais frutas, e mesmo os escravos procuravam variar a dieta monótona e sem graça que lhes ofereciam; as características próprias ao trabalho do local lhes propiciavam ocasião para isso. Havia mesmo uma grande quantidade de

16. Códice de José Joaquim da Rocha, *Geographia Histórica da Capitania de Minas Gerais.*

17. Lisboa, BN, POM, Cód. 738, Miscellanea, MS.

18. Lisboa, BN, Cód. 4530, MS.

negras de tabuleiro vendendo pelas ruas, além de pequenas vendas que forneciam produtos a toda a classe de gente.

Quanto ao ser ou não insalubre a dieta alimentar, é difícil afirmar. Muitos que percorreram o local, as autoridades que apresentavam relatórios ao Conselho Ultramarino ou aquelas que aconselhavam seus sucessores, fazendo uma exposição dos males da Capitania, são contraditórias a tal respeito, quando o mencionam. De resto, mesmo viajantes não consideravam o alimento dos escravos tão mau. Monótona e repetitiva, a dieta via-se complementada pelo sal, fumo e aguardente, e em determinadas circunstâncias o escravo conseguia obter alguma coisa extra, geralmente por ação de seu próprio trabalho ou engenho.

Mesmo os brancos de elevada categoria não recebiam, naquela época, uma alimentação adequada, inclusive em relação aos hábitos e conhecimentos do período. As inúmeras dificuldades, entre as quais a distância, levavam a momentos de escassez, encarecimento e problemas de conservação de alguns produtos.

A alta mortalidade é resultante de inúmeros fatores, dos quais o alimento é apenas um, apesar de significativo. Mesmo que se buscasse utilizar o alimento americano, indígena, procurava-se não contrariar, ao menos de modo brutal, os costumes africanos, e colocava-se em pauta algumas características européias.

Os donos de escravos eram incapazes de racionalidade e espírito de previsão capazes de, ao menos, proteger a sua propriedade, e a migração forçada de escravos colaborou eficazmente na questão da mortalidade. Os mulatos e os crioulos sobreviveram melhor e contribuíram para aumentar a população local.

Na medida do possível, o homem de cor vai utilizando sua criatividade e eficiência para complementar as faltas alimentares e, assenhoreando-se das falhas do sistema, procura suprir, em parte, suas necessidades.

Dois aspectos que merecem ser melhor analisados, e que também dizem respeito às frinchas dos sistemas, são a criança regra e sua alimentação. Os pequenos escravos domésticos tinham relativa participação na vida de seus senhores; melhor dizendo, senhoras e filhos delas. Muitos viviam nas casas de seus amos antes de completarem sete anos, e assim podiam usufruir de melhor alimentação. Serviam muitas vezes como companheiros de brinquedos, e mesmo como brinquedos, dos filhos dos senhores, e inclusive de donas, que os mimavam, achando-lhes graça e fornecendo-lhes o que comer. Recebiam assim guloseimas e doces. Isso, entretanto, diz respeito apenas àqueles infantes que, por variados motivos, encontravam-se vivendo no ambiente doméstico de seus amos. Essa vantagem alimentar cessa tão logo saem desse ambiente e participam da vida dos demais escravos. Isso significa que tinham melhor alimentação na primeira infância, o que, sem dúvida, propiciava melhor saúde.

A documentação do período, entretanto, ignora a criança, uma vez que se preocupa com questões econômicas e de trabalho.

Comida de doente

A questão do alimento fornecido ao negro nas terras mineiras no século XVIII permite uma análise mais aprofundada da escravidão naquela área, trazendo uma especificidade maior, mostrando os meios-tons capazes de esclarecer e modificar muitos conceitos estereotipados.

Estudando o alimento dado ao negro nas Minas Gerais, sobretudo aquele que se encontrava nas listas das entidades governamentais ou que era fornecido particularmente, quase sempre por ações de irmandades e confrarias, notamos ser diferente aquilo que se julgava próprio para alimentar doentes. Aliás, na Europa, tal era o sistema usado pelos médicos medievais, a alimentação do enfermo merecia considerações à parte.

Ao examinar as condições de vida do homem de cor nessas terras mineiras no século XVIII, chega-se à conclusão de que, escravo ou livre, a doença fazia com que ele fosse encarado de maneira diferente daquela que pautava o relacionamento entre as pessoas das diversas categorias socioeconômicas que compunham a população mineira. Quando a doença chegava, havia significativa modificação no modo de tratar os negros e os escravos, tão duramente explorados nas lides cotidianas.

A doença constituía presença incômoda, mas grave e séria, absorvente, com conotações de certo modo religiosas. De resto, a doença, o enfermo e a sociedade que o circunda podem proporcionar dados a respeito do comportamento da mesma sociedade e do modo como ela encarou ou encara a enfermidade e a morte. Atualmente, essas questões, sobretudo a morte, vêm sendo intensamente estudadas[1].

O primeiro problema, entretanto, diz respeito ao momento em que um escravo é considerado "um doente". Luis Gomes Ferreira, por exemplo, no Erário Mineral conta-nos que muitos escravos eram levados a trabalhar quando mal se sustentavam em pé. Aceitar o fato de que um cativo está doente supõe o julgamento individual de seu dono ou agregados, o que impede uma real objetividade, uma aferição rigorosa.

Com esta ressalva, nota-se pela documentação que naquele período e local o doente era visto com o respeito trazido pela presença da enfermidade e pela sombra da morte. Isso estendia-se também aos negros, mesmo escravos, o que lhes dava uma situação singular, diferente das relações de dependência e de trabalho.

A questão primordial que se coloca, portanto, é saber quem era encarado como doente. Certamente quem visivelmente se encontrava mal a ponto de ser obrigado a se recolher ao leito ou ao hospital. Podemos, sem dúvida, afirmar com segurança que a documentação oficial e oficiosa

---

1. Inúmeros autores trataram desse assunto, tais como Philippe Ariès, com seu clássico *O homem diante da morte*, 2 vols., Rio de Janeiro, Francisco Alves editora, 1989; e Michel Vovelle, *La mort et l'occident de 1300 a nos jours*, Paris, Gallimard, 1983.

do período traz muitíssimas referências aos doentes, à comida especial e à assistência dada aos enfermos, listando as despesas trazidas por essa assistência[2]. A doença e o doente eram presença marcante.

A documentação mostra-nos também que existia um considerável número de cativos elencados como "incapazes". Nessa categoria incluem-se cegos, aleijados de diversas espécies etc., muitos dos quais são jovens; mas, na verdade, há "incapazes" de todas as idades.

Em relação a esses desfavorecidos, a atitude é de total ou quase indiferença, mesmo aborrecimento, porque são fontes de despesa, problemas, e pouquíssimo serviço podem prestar. Não são vistos como "os doentes" e não se leva em conta que a maioria de seus males resulta de maus-tratos, serviço excessivo, deficiências alimentares ou de vestuário, doenças mal curadas. O caso da cegueira, como um exemplo que tanto impressionou Freyreiss[3] – que afirma nunca ter visto tantos cegos como no Brasil, fazendo especial referência a uma fazenda que visitou no Rio de Janeiro onde encontrou mais de dez cegos –, pode ser resultado de doenças e de dieta deficiente.

Mas não há referência à inclusão dos incapazes na categoria dos doentes, merecedores de uma alimentação especial. Os "incapazes" traziam considerável prejuízo econômico, sofriam de doenças incuráveis e não se encontravam à beira da morte ou de uma situação extrema.

---

2. No Arquivo do Tribunal de Contas de Lisboa, no Arquivo Histórico Ultramarino, nos Livros de Receita e Despesa das Irmandades, e no Arquivo da Casa dos Contos, Ouro Preto, MG etc. há cópias microfilmadas de listas de compras de alimentos para escravos doentes.

3. G. W. Freyreiss, *Viagem ao interior do Brasil*, Belo Horizonte, Itatiaia, 1982.

Apenas uma ressalva, pois há uma associação em Tiradentes (Irmandade da Caridade dos Escravos de N. Sra. da Piedade) cujos livros mencionam despesas com os pobres e negros entrevados e enfermos[4].

Por outro lado, não se cogitava que o regime de trabalho e as condições de vida fossem causa de má saúde. Apenas algumas autoridades teciam críticas à situação penosa, e poucas vozes erguiam-se no sentido de melhorar tais condições.

Mais do que o enfermo, a doença era considerada digna de respeito. Não se sabe também quais eram as doenças merecedoras de dieta especial, seja para auxiliar a cura, quase como uma medicina, seja como modo de fornecer algum agrado a quem está prestes a morrer. Tanto enfermos hospitalizados quanto os que se encontravam em suas casas, estes quase sempre por ação de irmandades, recebiam alimentos especiais.

A presença da morte, o desconhecimento das doenças, a possível evolução e meios de transmissão, as poucas perspectivas de cura traziam um contexto de mistério que, conforme assinala Susan Sontag em relação a moléstias de nossa época[5] (mais o ar de transgressão), marcam as palavras doença e doente com um mágico poder.

O papel do cristianismo é primordial, com seu conceito de vida terrena como passagem na qual se deve ganhar a beatitude da eternidade. Desde o século XV desenvolvera-se em Portugal certa consciência social e, mais do que isso, um mecanismo caritativo que podia satisfazer tal sentimen-

---

4. Tiradentes, Paróquia de Santo Antonio, Fundo da Caridade dos Escravos de N. Sra. da Piedade, 1756 a 1777, MS.

5. Susan Sontag, *La maladie comme metaphore*, Paris, Seuil, 1979.

to. Assim, fundaram-se hospitais, leprosários etc.; e "alimentar os famintos" e "curar os enfermos" constituíam valorizados preceitos da caridade cristã. Em terras mineiras o cristianismo terá significativo papel, mais como crença que como diretriz de ação, e os aspectos caritativos atraíam as autoridades e os "homens bons". O enfermo, próximo do outro mundo, poderia ser valiosa testemunha da caridade e da boa vontade daqueles que criavam e mantinham as Santas Casas e se dedicavam a acudir os necessitados.

A doença e a morte atingiam pessoas de todas as categorias, e as encontramos mencionadas e discutidas em relatos e cartas para as autoridades metropolitanas, falando de males e queixando-se da pouca salubridade. Essa universalidade faz com que não se julgue a doença como um castigo específico para determinadas categorias – o homem de cor, por exemplo –, mas um mal que atinge toda a comunidade. De resto, no século XVIII a alta mortalidade não era apanágio das terras mineiras; mesmo na Inglaterra praticamente não houve grande diminuição da mortalidade[6], a não ser no momento em que se introduziu a vacina antivariólica. O Dr. Vieira Couto introduziu-a no Tijuco no fim desse século, mas certamente foi pouco aplicada e não teve um efetivo papel[7].

Todas as etnias africanas prestavam culto aos mortos e valorizavam-nos. Isso, ao lado da mentalidade cristã, per-

6. Thomas McKeown e R. G. Brown, "Medical evidence related to English population changes in the Eighteenth Century" in *Population in History*, ed. por D. V. Glass & D. E. C. Eversley, Londres, E. Arnold Pub., 1969.

7. Julita Scarano, *Devoção e escravidão*, S. Paulo, Ed. Nacional, 1979.

mitiu que a passagem para outra vida fosse digna de reverência, o que não significa que a vida em si fosse valorizada, sobretudo a dos negros e escravos.

A medicina trazida pelos europeus não chegava a proporcionar real cura, e aquela de outros grupos, possivelmente mais usada e talvez mais eficaz, não constituía empecilho para a classe dominante utilizar o alimento como possibilidade de cura ou como paliativo.

Muitos alimentos valorizados no período e considerados bons pelos senhores vinham de fora. O problema da distância encarecia os alimentos, que muitas vezes chegavam deteriorados. Mas o comércio com o litoral era muito ativo e, dentro das possibilidades, não faltavam produtos, mesmo estrangeiros, custando alto preço.

Tais alimentos eram fornecidos aos doentes, mesmo negros escravos, conforme nos mostra a documentação que se encontra em arquivos portugueses e brasileiros. Não que se informe especificamente sobre essa maneira de agir, mas as listas de mantimentos dos órgãos governamentais relacionam o que se destinava a escravos doentes; nas confrarias, livros de Receita e Despesa têm informes semelhantes.

A relação dos alimentos para os doentes mostra-nos o que se considerava necessário e útil para uma criatura enferma naquele período e local. Evidentemente, em outras regiões a dieta era diferente, conforme a informação de Taunay[8] de que na Índia se dava água a quem tivesse febre, e, no máximo, uma sopa rala, feita de arroz.

Falta-nos, entretanto, um informe numérico quantificando o consumo, pois as listas, mesmo a mais perfeita

8. Afonso de Taunay, *Assuntos de três séculos coloniais (1598-1790)*, S. Paulo, Imprensa Oficial, 1944.

que encontramos – a da Real Extração de Diamantes –, não especificam o número de doentes, e nem mesmo se aquelas quantidades serviam apenas para os enfermos ou também para os enfermeiros e agregados. Muitas vezes as quantias parecem exageradas, como no caso de um rol em que se menciona a compra de oito alqueires de milho para sustento dos doentes, enquanto para os negros e mais as bestas de carga foram adquiridos doze alqueires. De modo geral não há uma explicação correta que indique que as compras se destinavam apenas aos enfermos, excluindo os demais membros do hospital. Parece que trabalhar em tais lugares era muito vantajoso do ponto de vista do consumo.

Nas listas mencionadas acima, assinala-se explicitamente que tais e tais alimentos destinam-se ao "consumo dos enfermos", e nos elencos desse tipo, feitos para a Real Extração, encontramos açúcar, rapadura, vinho, aveia, sal, toucinho e carne. O único elemento verde que se menciona na dieta dos enfermos é o "agrião", de diversos tipos, que era visto como medicinal.

Vez ou outra encontra-se uma informação numérica mais precisa, como por exemplo quando se assinala que se forneceu dois arráteis de carne por dia para cada enfermo, uma ração de arroz para cada almoço, ou o consumo de 1.902 galinhas por ano, sem dizer quantos eram os doentes[9].

A carne de porco desde o século XVI não era bem-vista como comida de doente, mas o toucinho fazia parte dessa dieta, bem como daquela dos trabalhadores, mas em pequena quantidade. Na região criavam-se muitos porcos, e

9. Lisboa, BN, PBA, Cód. 697, MS.

o toucinho constituía, desde muitas gerações, um alimento muito valorizado pelos portugueses, sendo visto como essencial nos climas frios. Se bem que as terras mineiras sejam relativamente mais temperadas, seu consumo era muito alto no Brasil, e Ewbank[10], por exemplo, quando de sua viagem ao país, escandalizou-se com isso, julgando-o prejudicial em terras tropicais. Era apreciado pelos escravos, que por terem uma dieta muito magra usavam a gordura para complementá-la. Os habitantes da África Ocidental e Oriental valorizavam a gordura de vários animais, mesmo que não a consumissem freqüentemente.

Quanto à carne, na dieta dos enfermos encontramos ao lado da "carne seca", dada também à escravaria em geral, ou melhor, acrescentada em pequenas porções no caldo de feijão, a assim chamada carne fresca. Em Minas havia muitas fazendas de criação de gado, como na região de Sabará e outras. Em inúmeras fazendas, ao lado da mineração criavam-se animais e plantava-se cana, o que originou engenhos e engenhocas.

O comércio feito por tropeiros e boiadeiros também abastecia a região trazendo muito gado, ainda que ele ali atingisse um alto preço. A carne seca vinha geralmente do Sul, bem como outros produtos acima mencionados, como é o caso da farinha de trigo, da qual São Paulo era uma das fornecedoras.

Pão, farinha e biscoitos constam apenas da dieta dos enfermos. Material mais caro e raro não fazia parte do alimento dos grupos desfavorecidos.

O vinho, considerado energizante e de valor terapêutico, também era usado pelos portugueses na Índia, in-

10. Thomas Ewbank, *A vida no Brasil*, Belo Horizonte, Itatiaia, Edusp, 1976.

clusive misturado com água. O chá também era considerado de propriedades curativas, bem como o fumo, que era fornecido aos enfermos, por suas supostas qualidades energizantes. Quando mascado diminuía a fome. Produto importantíssimo para o tráfico, o tabaco era visto na África como mais valioso do que a aguardente inglesa. Mesmo assim, era muito consumido na Colônia, e dado como prêmio aos escravos que descobrissem algum mineral ou pedra de caráter excepcional. D. André de Mello e Castro, por exemplo, assinala em 1738[11] que se consumia enorme quantidade de tabaco no país.

O tabaco, produto americano, tinha propriedades do mesmo teor que as do vinho, considerado parte integrante da farmácia caseira desde tempos imemoriais[12]. A cachaça feita de cana era desconsiderada na dieta dos doentes.

A galinha, o item mais mencionado, assim como o frango, era vista como indispensável na alimentação dos doentes. Pode ser encarada como um caso à parte, tal a insistência com que é referida como necessária na dieta. Não consta que fizesse parte do alimento oferecido aos trabalhadores, pelo seu alto preço.

O uso do caldo de galinha, de sua carne e dos ovos tem raízes na Europa, onde era bastante difundido. Os indígenas, mesmo não a usando comumente como alimento, a consideravam ave digna de apreço. Seus ovos, entretanto, eram encarados como venenosos[13]. Mas eles contribuí-

11. Apud Gilberto Freyre, *Açúcar,* 2ª ed., Instituto do Açúcar e do Álcool, 1969.

12. Marco Ribeiro, *Livro de ouro dos vinhos medicinais,* Porto Alegre, Mercado Aberto, 1983.

13. Sérgio Buarque de Holanda, *Caminhos e fronteiras,* Rio de Janeiro, José Olympio, 1975.

ram eficazmente para que sua criação se espalhasse pelo interior do Brasil, também no seio de grupos de origem africana. Os africanos não eram grandes apreciadores de galinha e de ovos, mas esses alimentos ocupavam papel primordial na dieta dos enfermos, mesmo escravos, principalmente seu caldo, o que originou o conhecido dito popular de que não faz mal a ninguém.

Citamos um morador de S. Sebastião, São Paulo, que, narrando sua enfermidade[14], mencionava o elevado gasto que teve com a compra de cinco galinhas e três frangos.

Nos hospitais, conforme a lista de despesas, notamos que se adquiriam galinhas. Isso era tão necessário que, quando o governo de Lisboa ordena que se faça economia na compra dessa ave para os cativos doentes[15], não pede que se compre um número menor de aves, mas que se busque quem as venda mais barato. Na Santa Casa de Misericórdia um enfermo comeu meia galinha por dia, durante 46 dias[16]. Nos livros de receita e despesa das irmandades mineiras um dos gastos mais constantes era o da compra de galinhas. Como se trata de confrarias de gente de cor, vemos que eles incorporaram o conceito europeu.

Esse caso constitui exemplo paradigmático de que a vida do escravo era obrigatoriamente pautada pelas crenças e costumes dos colonizadores. É uma espécie de "embranquecimento cultural", no sentido de que se valorizava o que,

14. Nuto Sant'Anna, *São Paulo no século XVIII*, Conselho Estadual de Cultura, 1977.

15. Lisboa, TC ER, 4088, MS.

16. Feu de Carvalho, "Real Casa de Misericórdia", *Revista do Arquivo Público Mineiro*, 1924.

na metrópole, era visto como significativo e vantajoso para o doente. Ovos e galinhas não eram apreciados pelos indígenas, nem pelos africanos, e raramente consumidos na África. Entretanto, os próprios grupos da gente de cor os oferecia a seus enfermos, como um valor de cunho terapêutico.

A comida dos brancos era vista como normativa, o que não impede que se fornecesse outros tipos de alimentos aos doentes. Estes, entretanto, não estão nas listas das autoridades e nem mesmo naquelas das despesas das irmandades de gente de cor. Não constavam oficialmente do que deve, como medida de caridade, integrar a dieta de enfermos.

O caso vinho-cachaça também é significativo, pois se o produto europeu era valorizado e considerado sadio, o mesmo não acontecia com a bebida local, pois a aguardente vista como perigosa é a feita de cana, e aquela do Reino era considerada de valor. É claro que os negros e menos ainda os escravos não tinham meios de comprar o produto vindo de fora e com ele embriagar-se. O desfavor com que era vista a cachaça tem muito a ver com seu baixo preço e com o fato de ser consumida pelos escravos, mesmo em grande quantidade, quando a ocasião se apresentasse. De qualquer modo, sempre que se menciona alguma bebida alcoólica para consumo de doentes, trata-se do vinho e menos freqüentemente de aguardente do Reino.

Considerar o produto europeu "bom em si" faz parte integrante da mentalidade do período, eivado de etnocentrismo europeu. Mesmo os iluministas, que em muitos aspectos pugnaram por mudanças, mantinham, explícita ou implicitamente, essa mentalidade. O europeu agia como se o homem branco fosse a medida de todas as coisas.

A dominação impõe ao negro mudanças em seus costumes tradicionais, e, em alguns aspectos, o homem de cor nascido no Brasil, o crioulo, incorporou essa valorização.

A comida oficialmente oferecida pelas irmandades da gente de cor – se bem que muito menos variada e mais pobre que aquela que consta da lista de alimentos para a escravaria enferma nos Livros de Despesa da Real Extração de Diamantes – tem padrão similar. O negro teve de reinventar um sistema para sobreviver, no qual constavam, sem dúvida, mas de forma subjacente, às vezes oculta, seus hábitos tradicionais e a incorporação dos valores dominantes no tempo e no local.

Assim, como um exemplo à margem, notamos que a hóstia também faz parte do elenco rubricado como "sustento dos enfermos". Significa o outro pólo dessa caridade cristã vigente, ao menos como crença, no conjunto da população. É a busca dos "benefícios espirituais", parte integrante dos preceitos conhecidos como "Misericórdias". Vista como momento crucial para a eterna salvação das almas, a doença deveria ser o momento do encontro com Deus, quando é possível atingir a beatitude própria e rezar pelos que minimizaram as agruras dessa passagem.

Pesquisas no campo médico poderiam responder quais as doenças que mais comumente causavam a mortalidade nos grupos desfavorecidos e de que modo a má nutrição e condições de vida os afetavam. Naturalmente se conhecem inúmeros males que contribuíam para a alta mortalidade e o papel que as moléstias infecto-contagiosas tiveram e têm. Do ponto de vista da alimentação oferecida ao enfermo, não é possível afirmar-se que ela contribuía para sua cura de modo eficaz. Não havia efetivos meios de cura, mesmo em lugares mais desenvolvidos[17], e a comida do doente funcionava como auxiliar, sobretudo no sentido de fornecer maior energia, conforme podemos notar pelos alimentos oferecidos, muitos dos quais não podem ser classificados atualmente como próprios para doentes.

Por outro lado, nota-se que o setor alimentação era bastante valorizado em caso de enfermidade e que, com exceção da galinha que continua a ser vista como própria para doentes, buscava-se acima de tudo manter as forças do enfermo. Posteriormente a meta será a de não sobrecarregar o paciente com alimentos mais pesados. Nesse momento, a dieta aproximava-se mais da atual, em que, na maioria dos casos (conforme o diagnóstico, sem dúvida), os hospitais oferecem variada gama de alimentos.

Um aspecto muito difícil de ser detectado, mas de muita importância, diz respeito ao alimento que o próprio grupo oferecia a seus doentes. As irmandades, conforme assinalamos, seguiam os padrões europeus, ao menos são comidas desse tipo que mencionam em seus livros. O grande número de pequenas vendas, de propriedade de gente de cor, e a constante e sempre mencionada presença das negras de tabuleiro permitem supor que outros tipos de comida poderiam ser consumidos por quem estivesse doente. A documentação encontrada, se bem que trate ou assinale a presença constante das negras de tabuleiro e das vendas, praticamente não cita o que se vendia como comida. Critica a venda de cachaça e a própria exis-

17. John D. Post, "Food Shortage, Nutrition and Epidemic Disease in the Subsistence Crisis of Preindustrial Europe", in *Food & Foodways*, vol. 1, nº 4, 1987.

tência desse pequeno comércio, pelo perigo de possibilitar e facilitar o contrabando, sem especificar mais.

A questão da comida dos enfermos, e sobretudo a referente a remédios e curas, oferece inúmeras oportunidades
de pesquisa, inclusive no campo médico. Alguns autores
vêm estudando sobre a influência africana e também indígena, principalmente no setor curativo. O alimento co-
adjuvante da cura não vem sendo analisado. Sem dúvida
tinha importância no momento, conforme nos mostram
os documentos.

Na América Colonial notam-se referências à alimentação dos cativos, geralmente insistindo que deveria ser
cuidada para que estes pudessem trabalhar. O próprio
"*Code Noir*"[18] assinala que há um mínimo indispensável
que deve ser fornecido ao escravo. Autoridades portu-
guesas não deixam de mencionar quanto isso é importante.
Não significa, entretanto, que tal procedimento tivesse sido
praticado nem nas colônias francesas, nem naquelas por-
tuguesas. A comida que se mandava dar aos doentes seria
um modo de corrigir a má situação anterior.

Não há dúvida de que a posição de doente trazia modificações na maneira de encarar o assunto, mesmo que
fosse apenas em relação ao aspecto alimentar. Tratado como
peça que pode ser substituída, vivendo em ambiente hostil, muitas vezes trabalhando excessivamente ou em áreas
insalubres, recebendo parca e fraca alimentação, obrigado a migrar, o negro era presa fácil de doenças, e sua mortalidade, elevadíssima. Nem todos eram levados ao hospital
ou padeciam de doença prolongada. Pelo contrário, segundo diziam, a maioria falecia sem receber cuidado al-

---

18. Código em uso nas colônias francesas que tinham escravos.

gum. Mas quando se apresentava como "o próximo sofredor", as pessoas, de maneira cristã, faziam o possível para, ao menos em relação ao alimento, compensar o que não haviam feito na vida diária. Assim explica-se por que não encontramos menção a comidas especiais para mulheres grávidas ou para parturientes. A gravidez e o parto não eram considerados doença ou encarados como coisa digna de um reforço alimentar.

Tendo diante dos olhos pessoas prestes a entrar na eternidade, outros fatores eram levados em consideração. Mesmo escravos tinham sua categoria jurídica minimizada e passavam a ser, acima de tudo, portadores de alguma doença.

Não apenas em questões alimentares vemos a prática da escravidão oscilar em dualidade ambígua, havendo diferentes maneiras de agir, conforme as circunstâncias. Até as leis relativas aos escravos passavam de severíssimas a benévolas. Nem umas nem outras eram seguidas pelos habitantes das Minas Gerais, conforme se nota pela contínua e sucessiva reiteração de leis e ordens similares. Há um intrincado de circunstâncias que modificam a maneira de os senhores agirem em relação a seus escravos, e mesmo as autoridades participam dessa dualidade.

Conforme a documentação que encontramos, o escravo, no momento da doença, ao menos no sentido do tratamento alimentar, não integrava a categoria dos "semoventes": bois, cavalos etc. Passava a ser visto como dono de uma alma imortal, capaz de ter voz na eternidade. Tal ambigüidade, de resto, não é apenas das Minas Gerais e nem caracteriza somente o Setecentos. Parece estender-se por todo este país.

Comida partilhada:
solidariedade e alimentação

Uma vez que a documentação trata do negro das Minas Gerais apenas sob o ponto de vista do trabalho e do que as autoridades encaram como malversações, é natural que inexistam informações sobre a vida diária e sobre os sentimentos da gente de cor, que pouco pôde falar por si mesma. Assim, é muito difícil discorrer sobre aquilo que Brillat-Savarin[1] chama de comida, referindo-se mais à sociabilidade e também ao que se busca obter, não apenas para saciar a fome, mas por ser prazeroso.

É conhecido o fato de que pessoas de todas as classes sociais comiam mal no Brasil Colônia, seja do ponto de vista do gosto e do requinte, ou dos aspectos higiênico, calórico e de saúde. Evidentemente, as pessoas que ocupavam o nível mais baixo na escala social sofriam, mais que os outros, de carências alimentares, se bem que, conforme vimos anteriormente, não se consumisse alimentos propriamente ruins.

1. Jean Anthelme Brillat-Savarin, *The Philosopher in the Kitchen*, Londres, Penguin Books, 1970.

Por isso, pode parecer absurdo buscar compreender e conhecer aquilo que se classifica como comida, segundo o autor que mencionamos anteriormente, em relação à gente de cor. Não podemos esquecer que o negro não era bem-alimentado nem em terras brasileiras, nem naquelas africanas. Foram as palavras de von Eschwege[2] que chamaram a minha atenção para o aspecto menos corriqueiro do alimento, que vai além da função primeira: a manutenção da vida. Ele nos diz que o escravo, quando tinha a possibilidade de obter algum alimento melhor, o repartia com os demais. É possível notar que a gente de cor nas Minas Gerais do século XVIII procurava uma complementação alimentar, para suprir as deficiências daquilo que era fornecido pelos senhores, e que essa comida não era buscada apenas de maneira individual.

Eschwege, que viveu na região na primeira metade do século XIX, mas em situação que não divergia substancialmente daquela dos últimos decênios do século anterior, diz que cada escravo devorava sua ração algumas vezes acompanhada daquilo que havia comprado, caçado ou ganho de seu senhor. Isso mostra que havia uma complementação alimentar feita de maneira aberta, à vista de todos.

Mas ele também não deixa de mencionar que se comia, além disso, o que era furtivamente obtido. Essa observação mostra o quanto era significativo o comércio clandestino – não tão clandestino assim, pois as autoridades locais, em suas informações, assinalam que, apesar de proibido, era realizado abertamente, mesmo nos arraiais mais habitados.

---

2. O Barão W. L. von Eschwege esteve no Brasil de 1809 a 1821 a serviço da Coroa para reorganizar a mineração. Publicou *Pluto Brasilienses* e outras obras, a maioria das quais sobre minerais, mas também sobre os locais onde esteve.

Essas proibições fazem parte daquelas leis que são continuamente reiteradas, mas nunca obedecidas.

Mostrando também que se buscava não apenas o alimento, mas uma sociabilidade, von Eschwege informanos que, mesmo na precária situação de escravos – no caso, por exemplo, da Real Extração de Diamantes –, havia entre os cativos o desejo de compartilhar a refeição, de transformá-la, na medida do possível, num momento de encontro; enfim, de fazer do alimento uma "comida", conforme o conceito de Brillat-Savarin. Eschwege narra reuniões de conterrâneos e amigos, e paternalisticamente diz que havia entre os cativos "sentimentos bons", uma vez que aqueles que contavam com toucinho ou outra complementação alimentar dividiam-a com amigos que nada tinham. Essa troca de alimentos sem dúvida possibilitava certa troca de informações e de idéias.

Aquele autor, tratando da região mineira, que conheceu muito bem, menciona a banana e frutos silvestres, peixe ou ave assada em espeto de pau, pedaço de carne seca e toucinho como complementações à ração fornecida.

A questão que ele assinala, da caça e da pesca, mostra a importância que oferecia esse tipo de alimento não apenas para a gente de cor, escravos ou não, mas também para os que viviam pelo sertão desde os tempos dos bandeirantes. Quilombolas, mineradores furtivos e todos os que se encontravam na clandestinidade contavam com esses alimentos. A documentação menciona a coleta e mais particularmente a caça e a pesca, mas há quem fale que esta não é muito significativa na região. Esses aspectos levam a um contínuo deambular pelas matas, e mesmo a uma destruição delas, realizada desde os primórdios da penetração nos territórios do interior do país. Isso sem falar na destruição de áreas florestais, que diminui, em última análise, a possibilidade de obter o alimento que elas ofereciam. Inúmeras regiões possuíam florestas que logo foram destruídas ou degradadas, muitas delas para plantar mandioca e milho, que serviam como alimento aos viajantes.

As possibilidades de obter alimento diferente daquele que era comumente oferecido, ou seja, a oportunidade de contar com alguma complementação alimentar não apenas para saciar a fome, mas também para gosto e prazer, variaram no decorrer do século XVIII. Na primeira parte deste, na euforia da mineração, cultivava-se muito pouco e, nas palavras de D. Lourenço de Almeida, enquanto as terras fossem "minas" não haveria alimento suficiente, menos ainda abundante. Nesse momento era elevadíssima a despesa com alimentação, e esse governador assinala que 50% do que se ganhava era consumido com isso. Mesmo mais tarde a despesa com alimentos continua alta, e muitos queixam-se disso. De qualquer modo, sempre houve problema nesse sentido, e as palavras de D. Lourenço de Almeida em 1726, que dizia que "a carestia destas minas ainda dura e durará enquanto forem minas", mostraram-se bastante verdadeiras.

É fácil imaginar que o escravo não podia ser propriamente bem-alimentado naquelas circunstâncias, e quando escasseia o mineral e se busca compensação na agricultura, a fim de impedir a miséria, as dificuldades são ainda maiores. A partir dos anos 60-70 do Setecentos, conselhos e críticas de governantes têm o sentido da valorização da agricultura. Fala-se mesmo que esse era o mais importante objetivo do governo. É o momento em que as autoridades locais empenham-se em mandar fazer hortas e mesmo pomares, muitos à custa da Fazenda Real, e colocam escravos seus e até do governo para trabalhar nesse mister. Ocupam áreas mais férteis, e muitas delas próximas às terras de mineração.

Trabalhando com o cultivo, é normal que os escravos pudessem consumir alguma parte do que cultivavam, mesmo que pequena. Não era possível manter estrita vigilância em relação a questões comezinhas, uma vez que a parte mais significativa e substancial dos rendimentos consistia no que era obtido com ouro e com diamantes.

Não há dúvida de que o escravo, salvo a exceção – os inúmeros suicídios –, buscava a sobrevivência, quer fugindo, quer procurando tirar o melhor proveito da difícil situação em que se encontrava. D. Lourenço de Almeida[3] dizia que os "negros só cuidam de terem o que comer e o que vestir", mostrando que eles tentavam do melhor modo possível sobreviver, cuidando de si próprios, suprindo a falta causada pela incúria e indiferença dos senhores.

Foi no início da exploração mineral e na época do assim chamado esgotamento das minas que o problema da falta de alimentos mostrou-se mais agudo. Essa é a época em que se dizia ser mais fácil alforriar um escravo, e muitas vezes deixá-lo morrer na miséria, do que alimentá-lo. Dessa forma, tanto no início quanto no fim do século XVIII o problema alimentar mostrou-se mais grave, exigindo medidas informais e marginais para garantir a sobrevivência.

Como alimentação informal – aquela que não era fornecida pelo dono, mas que fazia parte da refeição da gente de cor – havia as verduras, que eram cultivadas em terras mineiras. Os viajantes dão notícias de muitas delas; o inglês Mawe nos fala de jardins e pomares de Ouro Preto,

3. RAPM, ano XXXI, 1980, 27-5-1726.

com aspargos e alcachofras, espinafres e couves. O mesmo faz o francês Saint-Hilaire. Os portugueses desejavam esse tipo de alimentação, e as hortas, já mencionadas, são referidas em muitos documentos. Escravos que faziam-nas e mesmo agregados mais pobres devem ter consumido algumas das verduras, sobretudo a couve, a mais usada e comum delas. Havia também roças feitas especialmente para os escravos, mas não se informa se o cultivo era apenas de milho e mandioca ou se havia também hortaliças.

Sabemos[4] que os negros que mineravam clandestinamente tinham roças próprias, o que mostra que havia divisão de trabalho – alguns dedicavam-se à mineração, outros ao cultivo de alimentos, que eram colocados em comum. Não se trabalhava apenas para si, praticava-se uma troca, segundo informações[5], pois os negros furtavam não apenas para eles comerem, mas também para darem a outros. Sem dúvida, havia solidariedade, quando tal era necessário.

Quando cultivavam suas próprias roças ou recebiam meios para comprar comida, o que acontecia em alguns casos, a gente de cor repartia o que obtinha. O cultivo para si e para os seus não era incomum. Os escravos podiam trabalhar para si no domingo, e muitos aproveitavam esse dia para plantar, caçar, criar animais ou pescar, e mesmo para minerar, e com o produto comprar o que lhes parecia necessário. Essa era uma atividade muito mencionada por todos. As autoridades eclesiásticas batalhavam inclusive para que os senhores dessem a seus escravos o sábado para tal fim, pois julgavam que o domingo, dia santificado, era feito para o descanso. O sábado poderia ser usado

4. Lisboa, ANTT, Manuscritos do Brasil, 16-10-1737, MS.
5. Ibidem, 3-4-1735, MS.

para melhorar a alimentação. É claro que os senhores já achavam demais que houvesse domingos e os inúmeros dias santificados, e não iriam atender a esses pedidos. De resto, provavelmente havia quem nem mesmo fizesse o mínimo exigido quanto ao descanso nos dias de preceito.

Recebendo meios para complementar aqueles alimentos fornecidos, e principalmente contando com a possibilidade de comprá-los ou trocá-los, surge o estímulo para o aparecimento de uma economia paralela, além de uma atividade culinária também paralela que deve ter modificado a alimentação típica portuguesa nas Minas Gerais. Aliás, os inúmeros cozinheiros, muito mais do que cozinheiras, que a documentação menciona também devem ter colaborado nesse sentido.

De qualquer modo, muitos criticavam a comida, julgando-a insuficiente tanto para os brancos quanto para a gente de cor, muito mais numerosa. Nas Instruções que Martinho de Mendonça deixa para seu sucessor, D. Antonio de Noronha[6], em 1775, ele afirma que as Minas Gerais são sem cultura e sem gado, sem produção que sirva para o homem, exceto a caça e os frutos agrestes do mato. Diz que os mais pobres tinham de se servir da caça e dos frutos silvestres. Porém, alguns anos depois[7], em 1789, já se menciona que havia muitas pessoas dedicadas às atividades agrícolas, seja o cultivo da cana ou outros produtos. A cana passa a ser ainda mais plantada do que fora anteriormente.

Constituindo um caso à parte, dela extraía-se a cachaça, que dava trabalho aos inúmeros engenhos e engenhocas.

---

6. De modo geral, ao partir, o governador da Capitania ou outra autoridade deixava "Instruções" a seus sucessores, buscando ajudá-los na administração.

7. Lisboa, AHU, MG, c. 55 ant., MS.

Assim, a cana era o produto agrícola mais cultivado no decorrer de todo o século, superada apenas pelo milho. Quase não há períodos sem críticas aos malefícios da cachaça, sobretudo em relação aos escravos e às demais pessoas de cor. Buscam, sempre, meios de controlar a produção dessa bebida. Assinala-se que havia constantemente a venda do produto em locais que se minerava. Ele era adquirido por quem tivesse uma mínima parcela de dinheiro, e era fornecido aos amigos. Além da bebida, considerada um mal, essa solidariedade, a possibilidade de reunião a pretexto da existência da cachaça, faz com que as autoridades busquem suprimir o cultivo da cana e o estabelecimento de engenhos e, mais ainda, das engenhocas, muitas delas clandestinas.

A opinião de José Eloi Ottoni é diferente daquela dos autores mencionados. Ele, talvez por ser mais otimista, talvez porque escreva em 1798, tem opinião mais próxima àquela de alguns viajantes que dizem serem férteis as terras mineiras. Produzem em abundância cana-de-açúcar, café, baunilha, coxonilha[8], tabaco, algodão. Eloi procura incentivar a agricultura. O café, naquele momento, não era fornecido aos escravos. Isso acontece mais no século XIX, mas mostra que já era digno de menção.

A caça tinha maior possibilidade de ser consumida pela gente de cor. Os senhores mandavam seus escravos caçarem a fim de oferecer aves e animais às autoridades, e assim lhes granjear o favor, e isso dava aos cativos um treino e uma possibilidade de agir por sua própria conta e de favorecer os que lhes estavam próximos[9].

8. Inseto do qual se extrai uma substância com a qual se fabrica tinta vermelha (Candido de Figueiredo, Dicionário da Lingua Portuguesa, Lisboa, Livraria Editora Tavares Cardoso e Irmão, 1989).

9. Lisboa, TC ER, 4088, MS.

A caça teve significativo papel na vida do quilombo, dos mineradores clandestinos e dos viajantes, e também algum no cotidiano dos demais grupos, mesmo os desfavorecidos. Constitui uma das diversões do lazer domingueiro, além de trazer um alimento que pode ser partilhado. O negro tinha possibilidade de caçar mesmo animais de maior porte, pois contava com armas muitas vezes fornecidas por seus donos, conforme mostram os documentos do período. Há um, inclusive, que diz: "a bagagem dos extraviadores consiste em uma espingarda e com sua munição..." e afirma que estes "costumam se sustentar de caça"[10]. Segundo as autoridades locais, a maioria dos extraviadores era constituída por gente de cor. Ao menos, estes eram os mais acusados.

Quanto ao tipo de animais caçados, segundo José Joaquim da Rocha, além de outros informantes que ali estiveram, havia várias aves, como perdizes e codornas. Os caçadores também matavam e consumiam carne de veado, de paca, de porcos-monteses e de outros animais silvestres. A caça de maior porte deveria ser consumida pelos grupos mais favorecidos. Os demais raramente consumiam-na, a não ser os habitantes dos quilombos ou os que viviam clandestinamente. A carne de gado era dificilmente encontrada nos quilombos, e desse modo a caça era muitíssimo valorizada.

Uma comida que, segundo as autoridades, podia e era partilhada, era a que chegava às mãos dos escravos ou dos grupos desfavorecidos por intermédio das negras de tabuleiro. Sem dúvida, nada impedia que se partilhasse a comida adquirida em lojas e vendas, mas as negras de ta-

---

10. Lisboa, BN, Cód. 4530, f. 260, MS.

buleiro, principalmente as que iam a garimpos e quilombos, vendiam-na de certo modo clandestinamente; eram menos sujeitas ao controle de senhores e de autoridades locais. Assim, era mais fácil juntarem-se uns dois ou três companheiros e amigos para a refeição.

A venda de produtos por negros, e principalmente por negras, escravas e forras, num comércio ambulante era muito comum e criticada em Portugal desde o início do século XVI, pelo menos. D. João III, em 1515, assinala que, apesar de um alvará previamente existente, deve ser permitido às forras comprarem e venderem, e termina dizendo "porque nos apraz"[11]. Esse problema foi trazido para o Brasil, e a discussão a respeito das negras ambulantes estende-se e delonga-se, sem resultado favorável para os que desejam que seja proibido. Na região das minas a discussão é maior, uma vez que os objevos de troca por produtos e por alimentos eram, muitas vezes, o ouro ou os diamantes. Assim entendiam as autoridades locais e as metropolitanas que procuraram por todos os modos impedir e controlar esse comércio[12]. Consideravam que "as negras vendendo aos negros" propiciavam um pequeno mas ativo contrabando.

O alimento é um dos mais desejados produtos de troca, bem como a aguardente de cana, o que vinha a diversificar e aumentar a dieta alimentar. Os donos de escravos eram em muitos casos coniventes com esse tipo de comércio, quer para obter lucro ou mesmo por participação no contrabando. Menciona-se que inúmeras mulheres, casadas e solteiras, principalmente mulatas e forras, mas

11. Lisboa, ANTT, Comum dos Reis, R. 22, MS.
12. BH, APM SC, 37, 27, 21 etc., MS.

brancas também, colocavam suas escravas pelas ruas a vender seus produtos: doces, comidas, bebidas e fumo. Esse comércio estendia-se mesmo pelas senzalas e era ativo e lucrativo. Um dos poucos modos de essas mulheres terem uma atividade lucrativa.

Não se especifica, ao menos não encontramos, quais os tipos de comida que se vendia. Certamente há muita influência africana, dada a origem das pessoas que participam desse comércio miúdo.

Os mascates, principalmente os que vêm da Bahia, também vendem alimentos, mas trazem roupas[13]. Os que vinham de longe tinham muito maior possibilidade de contrabandear metal e pedras com proveito e lucro. Há alguns cachaceiros, segundo as autoridades, ou seja, vendedores de cachaça, que vêm à noite e com tiros avisam os negros de sua presença, e assim efetuam as vendas[14]. A aguardente era escondida, muitas vezes enterrada, para ser consumida em ocasião oportuna, geralmente em uma festa que reunia as pessoas de cor, mesmo nas festas das irmandades e em outras de teor semelhante.

Estas pequenas estratégias de sobrevivência e de mútuo auxílio permitem que o alimento recebido seja complementado, e a dieta, que não era propriamente parca, mas magra, possibilite uma vida menos precária e miserável.

As festas tinham significado de confraternização em todos os seus aspectos, inclusive em relação à alimentação. Eram momentos em que se reuniam africanos, crioulos vindos de diversos pontos do Brasil, e mesmo mulatos e

13. Lisboa, TC ER, 4088, 1780, MS.
14. Lisboa, TC ER, 4084, MS.

pessoas das mais variadas categorias. Sendo de cunho religioso em esmagadora maioria, quer fossem ou não patrocinadas por irmandades, elas também eram festas populares aceitas ou ao menos toleradas pelas autoridades. Há, por exemplo, notícia de uma festa no arraial do Tijuco com cantantes e dançantes, bem como pessoas que foram representar comédias, fazendo também novena na igreja[15]. Em muitas dessas festas, principalmente nas de padroeiros de irmandades – ao menos daquelas da gente de cor –, havia "comilanças", conforme mencionam os livros dessas confrarias. Os gastos eram elevados, e quando havia pouco numerário eram obrigados a fazer uma festa que durasse apenas meio dia, em vez da habitual, que durava o dia todo.

Não sabemos quem oferecia ou preparava tais alimentos; ao menos não encontramos informações suficientes a esse respeito, e nem mesmo sobre quais eram os alimentos consumidos. A festa era a melhor ocasião para a comida partilhada, e aí parecem incluir-se pessoas de todas as etnias africanas e mesmo brancos e mulatos que participavam com pretexto de devoção. Havia comidas típicas africanas, preparadas à maneira da África, uma vez que eram os negros e às vezes as negras que as preparavam. É pena que, até o momento, não encontramos informes sobre ingredientes, tipos de alimentos ou outros quaisquer, que seriam de grande interesse.

A aguardente e a comida, obtida de que modo fosse, constituíam uma maneira de confraternizar e manter a solidariedade. Escravos ou livres, a solidariedade tinha um papel significativo. Em primeiro lugar, entre os membros

15. Lisboa, ANTT, Manuscritos do Brasil, MS.

da mesma etnia, conforme vemos na conhecida lenda do Chico Rei. Freyreiss é um dos que a mencionam, dizendo que os escravos, por mais que desejassem beber aguardente, economizavam-na a fim de reparti-la com os de sua nação. Mas havia solidariedade entre diferentes etnias, desde que elas não fossem antagônicas. A distância, os problemas que viviam, e o fato de muitos terem nascido no Brasil faziam com que confraternizassem com quem vivia a mesma precária e difícil situação. O alimento e a bebida constituíam assim um pretexto, um meio para o encontro.

A morada

Mais que por maus-tratos e miséria, a situação do escravo nas Minas Gerais do século XVIII pode ser medida pela desvalia. Ele era ignorado como ser humano, equiparado aos animais da tropa ou dos rebanhos, e pouquíssimas vezes se mencionam os males que sofria. Apenas alguns governantes preocuparam-se com os problemas dos negros, escravos ou livres, e as características próprias desses grupos são mais mencionadas em épocas posteriores ao século XVIII, por obra sobretudo dos viajantes. Algumas "Memórias" anteriores, já do fim do Setecentos, feitas para mostrar os problemas e a tão propalada decadência da região, mencionam alguns poucos aspectos do cotidiano dos grupos marginalizados. A leitura de cartas, informes, leis e ordens choca por causa da desvalorização de uma apreciável parcela da população, justamente a mais numerosa, vista como servidora daqueles que constituem "o povo das Minas", no conceito dos que escrevem.

Um dos aspectos mais carentes de informação é a questão da moradia, tanto de escravos, como de negros e mulatos livres. É pouquíssimo mencionada na documentação que trata da região, a não ser a respeito daquelas que constituem obra arquitetônica de vulto. Estas documentações, quase sempre encomendas de irmandades religiosas ou de patronos de igrejas, tratam de construções religiosas (igrejas, capelas etc.) com suas adjacências, principalmente sacristias, ou de obras feitas por conta da administração, em que avultam as casas de Câmara e cadeia. O que se conhece a respeito da moradia da região resulta da preservação de casas, tanto na zona urbana quanto, às vezes, na rural. Foram relativamente estudadas por arquitetos e historiadores da arte, que as admiram e analisam, buscando discernir seu valor estético, as características, as influências sofridas e aquelas transmitidas. Aquelas que, pela sua precariedade e pelos azares das circunstâncias, foram destruídas carecem de maiores informações, uma vez que são pouquíssimo mencionadas. Ao menos na exaustiva pesquisa que vimos empreendendo ao longo dos anos, tanto no Brasil quanto em Portugal, só encontramos até o momento menções breves, esporádicas, pouco explicativas e de jeito algum valorativas das moradias da maioria. Quase sempre se fala da precariedade e miséria delas.

As terras mineiras são bastante urbanizadas, e escravos moraram tanto na zona urbana quanto na rural. Alguns viajantes chegaram mesmo a encarar favoravelmente as senzalas onde viviam os escravos[1]. Segundo Sylvio de Vasconcellos[2], as vilas e arraiais mineiros formaram-se linearmente ao longo de estradas, com algumas exceções,

1. In Pierre Verger, *Fluxo e refluxo*, S. Paulo, Corrupio, 1987.
2. Sylvio de Vasconcellos, "Formação urbana do Arraial do Tejuco", in *Arquitetura Civil II* – Textos escolhidos da *Revista do Patrimônio Histórico e Artístico Nacional*, 1975.

contrariando ou ignorando as assim chamadas "Leis das Índias", que tinham especificações bastante precisas. As habitações dos negros dependiam, em sua localização, de algumas circunstâncias.

Evidentemente, o lugar em que era instalada a moradia dos escravos ligava-se ao tipo de trabalho que deveriam realizar, o que os levava muitas vezes a serem confinados aos porões das casas urbanas ou mesmo rurais. Muitos escravos viviam em senzalas, ao lado da morada de seus donos, e outros estabeleciam-se em ranchos, isto é, moradias mais ou menos precárias, sujeitas aos azares da exploração mineral.

Conforme o tipo de trabalho exercido, havia mais de uma senzala nas fazendas, sobretudo naquelas onde se praticava a agricultura e se cultivava cana, exceto quando em pequena quantidade, para a manutenção de engenhocas, que não exigiam numerosa mão-de-obra.

A mineração também não requeria alta concentração de trabalhadores vivendo e trabalhando de forma estável no mesmo local. Pelo contrário, era praticada uma exploração extensiva, obrigando a mudanças contínuas, daí a precariedade de muitos ranchos.

A habitação mais estável era muito simples. Segundo Vauthier, que escreveu sobre os casos de residência no Brasil, não existia morada humana mais simples; e um estudo[3] diz que a arquitetura doméstica da cultura ioruba tem o mesmo tipo de partido arquitetônico descrito por Vauthier: casas de pequeno tamanho, formando uma série ligada por longa varanda, uma única porta de entrada e

---

3. Geraldo Gomes da Silva, "Engenho e Arquitetura", vol. 2, Tese, FAU-USP, 1990.

sem janelas. Mas não se pode provar que haja relação direta ou indireta entre aquelas africanas e as nossas senzalas.

Sem buscar resolver ou mesmo levantar problemas de moradia atinentes a outras áreas de conhecimento, podemos dizer que essas senzalas eram relativamente numerosas e, mais ainda, no início do povoamento, bastante precárias. Eram feitas de madeira e barro obtidos nos locais sem grande esforço.

No primeiro momento de ocupação territorial, praticamente todas as construções são precárias. D. Lourenço de Almeida[4], falando sobre a pouca proteção que se dá aos cofres com ouro da Fazenda Real, explica que se encontram em uma loja de pau-a-pique, "sem fortaleza nenhuma das paredes", e podiam ser facilmente roubados, minando a terra ou usando algum outro expediente. Não adianta transferir tais cofres para outro lugar, porque as casas são todas da mesma "qualidade". Isso mostra que as casas de pessoas de menor categoria socioeconômica deviam ser extremamente frágeis.

Houve, entretanto, muitas senzalas relativamente bem construídas posteriormente, pois não faltavam pessoas para levantá-las. As construções, de modo geral, tinham seu maior custo na mão-de-obra, e o mesmo D. Lourenço afirma que mandou erguer um quartel para dez soldados que custou muito pouco à Fazenda Real, uma vez que utilizou como trabalhadores os presos da cadeia, gratuitamente.

Segundo Augusto de Lima Jr.[5], os desfavorecidos, isto é, os negros, mulatos e brancos pobres, moravam nas par-

---

4. RAPM, ano XXXI, 1980.

5. Augusto de Lima Jr., *A Capitania de Minas Gerais,* 3ª ed., Belo Horizonte, Instituto de História, Letras e Arte, 1965.

tes mais baixas das vilas e arraiais, afastados da Câmara e da matriz. De resto, isso acontecia em outras áreas do Brasil no período, e mesmo posteriormente. Os pobres livres também ocupavam becos, mesmo os encravados em regiões onde viviam os grupos mais categorizados economicamente. Também as áreas de meretrício viam-se muitas vezes instaladas perto das ruas centrais.

A senzala ou qualquer outra morada de cativos encravava-se ao lado das cocheiras, do quarto de arreios e dos galinheiros, mas para o negro livre não havia obrigatoriedade de se estabelecer em um local à parte. Os que tinham posses buscavam áreas melhores, mas os pobres tinham de se contentar com aquelas de difícil acesso, em morros íngremes, em baixadas inundáveis ou locais que condiziam com suas parcas possibilidades.

De resto, durante muito tempo as casas de morada eram simples e pobres, a maioria de pau-a-pique e com poucos requintes. Se bem que o pau-a-pique fosse também usado para sólidas e avantajadas construções, duráveis e elaboradas.

Conforme a região e o material encontrado, certas habitações eram de pedra com reboque de cal, e posteriormente algumas tiveram riqueza de decorações nas paredes e no teto.

Salomão de Vasconcelos[6] diz que nos primeiros anos do século XVIII as vilas eram simples aldeolas com casas de sapé, capelinhas de palha, tudo muito precário. A palha continuou bastante empregada em ranchos na zona rural. Referindo-se aos primeiros tempos do povoamento, o Códice Costa Matoso[7] diz que capelas e ranchos eram

6. Salomão de Vasconcelos, "Os primeiros aforamentos e os primeiros ranchos de Ouro Preto" in RSPHAN, nº 5, 1941.

7. S. Paulo, Biblioteca Municipal, Livros raros.

Esta casa reproduzida da obra de Johann Moritz Rugendas (Paris, publiée par Engelmann, 1835, 2 vols.), pode ser considerada modelo usual das moradas de negros brasileiros em inúmeras regiões do país.

cobertos de sapé. Nos conglomerados urbanos foi comum o uso de telhas, mesmo em casas pobres. Encontram-se referências na documentação a locais onde se fabricavam telhas, fornos etc. Os portugueses tinham grande prática de olaria, e a telha podia ser difundida, o que não impedia que muitas senzalas continuassem com coberturas de capim, mesmo posteriormente. De resto, a mudança foi lenta e nem sempre geral.

Na maior parte das vezes não há uma organização familiar para o escravo, e isso, evidentemente, refletia-se em sua maneira de morar. No entanto, há documentos que nos falam de escravos, de sua mulher e mesmo de filhos. Os viajantes mencionam isso, mas no século XIX constituem exceção, se bem que os religiosos recomendavam continuamente que deveria haver casamentos, caso contrário os negros viveriam em situação de pecado. Há mesmo notícias de moradas de tipo familiar, mas raras.

As senzalas constituíam verdadeiros "pombais de negros"[8], com uma galeria externa e cubículos com uma única porta. O chão era de terra batida, às vezes misturada com sangue de boi, as paredes não tinham revestimento e o teto era de duas águas. Há um mapa de serviços com inúmeros desenhos no Arquivo Histórico Ultramarino de Lisboa[9], no qual o alojamento dos escravos é chamado de ranchria, e o teto parece ser de quatro águas. Evidentemente havia variedade de aspectos.

As moradas dos negros escravos, sobretudo as das áreas de mineração e as rurais, são quase sempre chamadas de

---

8. Denise Thomas Teixeira, *Aspectos gerais das aglomerações rurais mineiras*, FAU-USP, 1989-90.

9. João de Rocha Dantas, *Tejuco*, 1775.

ranchos, rancharias. Diferem das senzalas e são vistas como duas entidades diversas. Fala-se em "rancharias e senzalas", como encontramos mencionado[10].

Os ranchos perto das áreas de mineração, feitos para durar pouco, eram mudados freqüentemente de lugar e não sobreviveram ao tempo. Mesmo desenhos do período não são facilmente encontrados. Eram as mais precárias construções, ou seja, aquelas que continuaram a ser construídas e destruídas. Como havia continuamente procura de melhores pontos para minerar, os ranchos seguiam a exploração mineira. Eles também foram utilizados como habitação de pessoas livres muito pobres.

Era a construção mais simples e mais primitiva, mas constantemente utilizada. As pessoas de cor mais bem-situadas financeiramente moravam em casas que não se diferenciavam das demais. Fala-se relativamente bastante das casas de pessoas livres, no sentido de afirmar que ali se ocultavam negros fugidos ou quilombolas, que constituem sede de contrabandistas. As casas das negras mereciam o desfavor das autoridades, que achavam que serviam de ponto de parada ou de esconderijo daqueles que a lei considerava marginais.

Havia realmente grande movimentação de pessoas, mesmo cativas, e um documento curioso[11] proíbe que os escravos pernoitem em outras moradas que não aquelas de seus donos. Afirma que a morada certa do escravo era a casa do dono e proíbe que alguém recolha em sua casa negros alheios, sob pena de pagar como castigo uma libra

10. Exemplos podem ser vistos no arquivo da Biblioteca Nacional de Lisboa, PBA Cód. 697, MS, e em outros.

11. BH, APM SC 09, 28-2-1714, MS.

de ouro, da qual uma parte fica para o denunciante e duas para a Fazenda Real. Essa ordem peremptória de D. Brás Baltazar da Silveira mostra ser essa uma prática usual, e isso se vê repetido, com variações, no decorrer do século. A ordem daquele governador foi divulgada a toque de caixa e, conforme se vê, promete penas pecuniárias, as que mais pesavam aos habitantes das Minas, já escorchados por cobranças contínuas.

Essa questão – que se repete, conforme afirmamos – denota uma relativa liberdade para o escravo ir e vir e as pessoas receberem em suas moradas gente de fora. Naturalmente, com o desenvolvimento do povoamento, expulsão dos indígenas e difusão dos quilombos, esses aspectos vão sofrer alguma modificação. Mas nas senzalas os escravos também acabavam por receber outras pessoas, conforme as acusações. Sobretudo na Real Extração de Diamantes iam vendedores e também compradores de diamantes, conforme se menciona, e o mesmo deambular de estranhos tinha lugar em outras senzalas.

O rancho continuou a ser erguido por aqueles que se instalavam nas catas para mineirar, tanto escravos quanto negros e brancos que exploravam clandestinamente ouro ou diamantes. Antes do início dos trabalhos eram erguidos esses ranchos, tanto para guardar os instrumentos de trabalho quanto para morar[12].

Nas cadeias das vilas e arraiais geralmente construíamse salas separadas para os negros, o mesmo acontecendo em alguns hospitais. Precárias de início, ocorreu depois a construção de imponentes Casas de Câmara e cadeia, mas continuavam propiciando uma vida horrível. Em Ouro

12. Lisboa, ANTT, Manuscritos do Brasil, L. 5, MS.

Preto e Mariana, entretanto, as cadeias construídas por Alboin tinham canalização, água corrente e esgoto[13].

Na época não havia grande interesse pelos móveis e procurava-se apenas o que parecia essencial, ou seja: camas, cadeiras, tamboretes, mesas, arcas e um pequeno oratório. Saint-Hilaire não deixou de notar a escassez de mobiliário nas casas do Tijuco, apenas grandes cadeiras, alguns tamboretes de couro cru, bancos e mesas. Também no seqüestro do mobiliário de treze inconfidentes há 170 cadeiras, o que dá uma média de treze cadeiras para cada proprietário, distribuídas, entretanto, por quinze fazendas e catorze casas. Assim, vemos que há 5,1 cadeiras por habitação, 35 catres e apenas seis leitos, e assim por diante. Se nos lembrarmos que esta gente constituía a categoria mais elevada da sociedade local, é fácil compreender que os demais possuíssem escasso mobiliário, de resto bastante caro. Há casos de o preço de móveis ser maior que o das casas.

Assim, sabemos que os negros e mulatos pobres tinham pouquíssimos móveis, apenas catres, tamboretes, bancos sem encosto. O mobiliário na senzala era praticamente inexistente, constando de esteiras e tamboretes, quando muito. Havia os instrumentos para mineirar que eram guardados ou escondidos nas moradas dos que trabalhavam por conta própria.

Quanto aos quilombos, constituem aquilo que o negro sonhava, isto é, viver por conta própria, em liberdade.

Nas "Instruções para D. Antonio de Noronha", governador da Capitania e Capitão General de Minas Gerais, feitas em

---

13. Paulo Thedim Barreto, "Casas de Câmara e cadeia", in *Arquitetura Oficial I*, textos escolhidos, RSPHAN, 1978.

1775[14], encontramos a descrição de um quilombo em Campo Grande, que diz: "Compunha-se este quilombo de várias habitações de negros fugidos e rebeldes". Continuando, menciona que existia há muitos anos, protegido pelo difícil acesso e pela mata, tanto que foram usadas sete companhias para o destruir.

Como regra geral, o quilombo era um aglomerado urbano, maior ou menor de acordo com as circunstâncias, reunindo as moradas de seus habitantes. Mesmo sendo um espaço de liberdade, longe e fora das regras estabelecidas pela prepotência senhorial, não se pode afirmar, ao menos na região, que fossem essencialmente diferentes dos pequenos aglomerados urbanos. Há que se contar em primeiro lugar com o material que era possível encontrar e com o que se podia fazer em uma situação precária, caso de grande número de quilombos.

Mesmo os que duraram mais tempo, e nesse caso poderiam ser mais sólidos, foram destruídos pela sanha persecutória dos habitantes das Minas, e pouco ou nada resta para melhor ajuizar sobre suas características. O que havia neles de africano e o que era mais local é difícil estabelecer. Entretanto, não há diferenças essenciais entre uma morada simples em um e outro continente, e cremos que seu aspecto exterior dependeu de problemas locais, da presença maciça de africanos ou de crioulos nascidos no Brasil, da duração e permanência do quilombo etc. O certo é que a distância do litoral, a variedade de etnias que se reuniam nas terras mineiras, a presença sempre mais numerosa de escravos nascidos no país devem ter tido in-

14. Lisboa, BN, POM, Cód. 643, MS.

fluência poderosa na organização e no tipo de morada que se formou.

Na documentação mencionam-se os mocambos, como eram chamadas as casas existentes nos quilombos, mas elas não são descritas. Quando a população era relativamente numerosa, como aconteceu em 1756, quando se assinalam quilombos com seiscentos, oitocentos e mesmo mil habitantes[15], não se explicam a localização e o aspecto das moradias.

Esse espaço de desejada liberdade, o quilombo, teve possibilidade de se desenvolver enquanto não foi visado e destruído pelos grupos dominantes. Nos que tiveram maior duração, os habitantes puderam pôr em prática seus anseios e morar de acordo com seus desejos.

15. Lisboa, AHU, MG, c. 40 (classificação antiga, 40-7 – 1756 MS).

Imposição e prestígio:
roupas de escravos e de forros

Necessidade material, proteção dos rigores do frio e do calor, o vestuário apresenta também uma vertente simbólica. A roupa sempre foi encarada como representativa de categorias econômicas e sociais, de cargos e de funções. Tem significados religioso, militar e outros. Ultrapassa o mero desejo ou a possibilidade individual: tem significado e valor sociais, e mesmo seus supérfluos e seus aspectos meramente decorativos nos levam a melhor compreender um local e um período histórico.

Em nossa terra ainda faltam estudos a respeito do vestuário, mais ainda em se tratando daquele das gentes de cor nas Minas Gerais do século XVIII, assunto de minhas pesquisas. Essa deficiência tem seu óbice na real carência de fontes capazes de propiciar tal estudo, sejam elas escritas ou iconográficas. Não existem obras descritivas daquele período mineiro capazes de, como acontece na Ilíada e na Odisséia, por exemplo, contarnos como eram os elmos, as perneiras, as armas dos guerreiros e as roupas dos habitantes, inclusive de mulheres. No caso da Grécia há possibilidade de se obter inúmeros informes sobre a vida diária nas obras teatrais, como fez Kitto com grande propriedade[1].

No Setecentos mineiro a literatura segue a moda da época e mostra-se pouco descritiva em pormenores da vida cotidiana.

Não se encontra também uma rica iconografia que trate desses assuntos miúdos, como acontece nos túmulos egípcios e etruscos, para mencionar somente exemplos muito conspícuos. Mesmo na Idade Média fizeram-se obras no gênero de *Les très riches heures* e inúmeros "breviários"[2], que mostram pessoas no trabalho, seus trajes e suas moradas, e trazem outras informações que nos levam a melhor compreender a vida e o modo de ser das pessoas de diferentes categorias econômicas e sociais. Ao menos até o momento, não foram encontradas no Brasil obras como muitas que se conhecem em terras européias e asiáticas, capazes de informar e trazer conhecimentos bastante específicos sobre um passado tão mais distante do que nosso século XVIII!

Também a parte iconográfica é ainda pouco analisada sob esse ponto de vista, e inclusive os ex-votos trazem escassa informação sobre o vestuário dos grupos desfavorecidos, e as cartas e relatórios enviados a Lisboa pelas autoridades locais tratam pouco e mal da vida cotidiana. Esses aspectos não podem ser esquecidos, pois impossibilitam conclusões sobre inúmeros assuntos e impedem um conhecimento mais perfeito sobre a vida no período. A respeito da gente de cor a situação ainda é mais complicada, pois aqueles que informam sobre a região, quase sem-

---

1. H.D.F. Kitto, *The Greeks,* Londres, Penguin Books, 1951.

2. Como um exemplo entre inúmeros, podemos citar *Les très riches heures du duc de Berry* e o *Breviario de Martin de Aragon,* do início do século XV.

pre sob um enfoque econômico, esquecem o que se relacionava com a função da mão-de-obra. Era como se se tratassem de máquinas de trabalho, e os outros aspectos eram deixados nas sombras. Alguns relatos dedicam mais linhas e considerações a cavalos. Inúmeras vezes há mais pormenores a respeito dos animais.

O vestuário da gente de cor pode ser examinado por diversas vertentes. Delas, três me parecem mais significativas e oferecem documentos que possibilitam sua compreensão. A primeira diz respeito às roupas fornecidas pelos donos a seus escravos, para "cobrir suas vergonhas", conforme falavam desde a época do descobrimento. Cobriam a nudez de povos que usavam pouca roupa, diferentemente do costume da Europa nesses séculos. A roupa fornecida tem a finalidade de levar os povos encontrados na América e aqueles que vieram como escravos a participar do universo dos conquistadores, o único que etnocentricamente consideravam digno e valioso. Faz parte do esforço de introduzir as colônias no âmbito das terras cristãs.

Essa finalidade de afastar a nudez pretende apenas distribuir uma roupa precária, mínima e pobre. Para quem trabalha diretamente na extração mineral, o parco vestuário explica-se também pelo tipo de serviço, em que ficavam com os pés e pernas mergulhados na água e o torso ao sol. Muita roupa dificultaria o trabalho, e os poucos desenhos e representações iconográficas que encontramos acerca do período ou mesmo do início do século XIX mostram-nos negros seminus ocupados em extrair ouro ou diamantes. A sunga que vestem foi, algumas vezes, complementada com um chapéu de palha.

O pouco vestuário servia também para que fosse mais difícil esconder ouro ou pedras. Facilitava o controle e impedia a ocultação de alguma coisa de pequeno formato mas de substancial valor de troca.

Entretanto, não foram muito diferentes das mineiras as roupas fornecidas aos escravos em outras partes do Brasil para o trabalho nas roças. Aliás, nas Minas Gerais havia um substancial número de trabalhadores agrícolas, e o vestuário não diferia. No litoral, como é o caso do Engenho de Sergipe do Conde[3], compravam-se lonas para cueiros dos negros, usados no trabalho, e também seriguilha grosseira, para agasalho. Julgavam que dois anos seria um bom intervalo para comprar novas roupas, tanto para os homens quanto para as "fêmeas", conforme dizem nessa documentação sobre o século XVII. Também se fala em compra de capotes para os barqueiros. O preço do vestuário é muito inferior ao gasto com alimentação. De resto, os panos eram comprados e tecidos na vizinhança.

Esse padrão de vestuário, que deve ter sido estabelecido desde os primórdios da colonização portuguesa, tinha a precípua finalidade de não ferir frontalmente os costumes da gente cristã da Europa – apenas as crianças podiam circular nuas tranqüilamente –, e as variações que sofreram as vestimentas foram circunstanciais no decorrer da época colonial.

Que as roupas eram poucas e insuficientes na região das minas, podemos aferir pelas palavras de D. Lourenço de Almeida, que, escrevendo ao rei[4], diz que os senhores trazem seus escravos nus e os sustentam mal, mas assinala que os negros procuravam o que comer e o que vestir.

---

3. Luís da Câmara Cascudo, *História da Alimentação no Brasil*, Belo Horizonte/São Paulo, Itatiaia/Edusp, 2 vols., 1983.

4. RAPM, ano XXXI, 1980.

As sungas e calções curtos que se usavam nas terras mineiras eram de baeta ou outro material de baixa qualidade, mesmo os que eram chamados "fazenda de preto"[5], originárias de Malabar, ou tecidos similares. Às vezes eram de sacos, pois, em lista de despesas com vestuário da escravatura do Serro do Frio[6], estão elencados 136 sacos.

As camisas são freqüentemente mencionadas nessas listas. A maior parte delas são de algodão cultivado na área, a qual inclusive exportava, segundo Cunha Matos[7]. Em São José, atual Tiradentes, por exemplo, havia fabricação de tecidos desse material, principalmente para os escravos, mas também para outros fins. Os negros e mulatos mais categorizados que coordenavam o trabalho da mineração, segundo vemos pela iconografia, usavam camisas. Mesmo o uso de casacos mais elaborados e de chapéus pode ser notado. As "véstias" dos vigilantes e seus chapéus constituíam símbolo de categoria mais elevada e não diferiam, aparentemente, daquelas usadas pelos brancos.

Muitos tecidos podiam vir de fora. Havia intenso comércio suprindo, nem sempre a contento, o material escasso. Além das camisas, o "jaleco" é bastante mencionado; não é roupa para proteger do frio, como os cobertores e alguns tipos de "vestias" como as de encerado, por exemplo.

Nas terras mineiras o frio é relativamente intenso, se comparado com outras regiões do país que receberam grande número de escravos. Na época julgava-se que se deveria estar bem protegido para gozar de boa saúde.

---

5. Luís Antonio de Oliveira Mendes "Memória a respeito de escravo...", apresentada à Real Academia de Ciências de Lisboa, 1793.

6. Rio de Janeiro, AN, vol. 2525, 1778, MS.

7. Raimundo José da Cunha Matos, *Corografia Histórica da Província de Minas Gerais* (1837), 2 vols., B. H. Itatiaia, S. P. Edusp, 1981.

Oliveira Martins apregoava a necessidade de os escravos estarem bem cobertos, e Spix e Martius, poucos decênios depois, afirmavam que faz mal mudar de roupa quando se sente calor e se transpira. Mas pouquíssimos tratam de questões relativas ao vestuário em relação à saúde, e os senhores, por mesquinha economia, não seguiam tais preceitos, como faziam também com os alimentos.

Em relação à roupa das mulheres as informações são escassíssimas. No início do século XVIII, e mesmo no decorrer dele, foram muito menos numerosas que os homens, e a maioria exercia funções domésticas. No fim, do século, em algumas áreas, as pardas começaram a superar o número de pardos, mas isso não acontece entre os negros e os brancos.

De modo geral, não havia na região o luxo e o requinte das casas-grandes nordestinas, com suas escravas luxuosamente ataviadas. As forras e as livres, bem como as prostitutas, tinham possibilidade de usar bons trajes. Havia intensa venda de produtos para vestir, e muitos comerciantes, mascates e mesmo negras de tabuleiro forneciam produtos de todas as partes.

Não havendo tanto requinte em relação aos serviços domésticos, faltava a competição ostentatória entre as diversas famílias, o que as levaria a oferecer trajes mais luxuosos a seus serviçais. Mesmo os membros da Real Extração de Diamantes, como um exemplo de autoridades poderosas, usavam escravos pagos pelo Erário para seu serviço – a maior parte dos trabalhos consistia em fazer hortas e pomares, carregar lenha e similares –, poucos dos quais pediam requintes de vestuário. Os trabalhos da mineração e os da agricultura, que ocupavam a maior parte da população ativa, não pediam isso. O bem-trajar seus escravos não constituía preocupação dos mineiros.

A maior parte dos forros pertenciam à categoria dos desfavorecidos. Para eles, o vestuário, o abrigo para o frio, constituía problema quase sempre mal-resolvido. Aqueles que estavam em melhor situação financeira, sendo mesmo donos de escravos, seguiam os padrões de vestuário do restante da população. A área, nesse aspecto, não foi das mais requintadas.

O material usado para a confecção das roupas, principalmente para os grupos menos abonados, era muitas vezes tecido na região ou vindo de lugares relativamente próximos. O feitio de tais roupas era geralmente local. Havia alfaiates que costuravam para pessoas de maior categoria econômica, e em relação aos escravos nota-se muita compra de linha, agulha, botões, nas listas de despesas com vestuário dos cativos. Encontramos também pagamento do feitio de roupas para escravos[8].

Mas, se não faz parte das preocupações dos donos o bem-trajar seus negros, a gente de cor, livre ou cativa, tem grande interesse pelo assunto. Há uma surda e contínua luta entre os habitantes de cor branca – inclusive as autoridades locais – e os negros e mulatos, tendo o traje como *leitmotiv*. Os primeiros faziam todo o possível, inclusive se queixando continuamente às autoridades e lhes pedindo que os segundos fossem impedidos de usar "galas", o que, na linguagem do momento, significava mostrar os símbolos de conspícua posição social. O grupo dominante tentava constranger os que considerava de "categoria inferior" a se vestirem de modo a não oferecer possibilidade de serem confundidos com eles. Tudo o que poderia significar sinal de distinção era encarado como proibido a determinados grupos.

8. Lisboa, TC ER, 4084, 1786, MS.

Esse aspecto não caracteriza apenas o Brasil escravista, mas era bastante difundido e, como um exemplo entre outros, basta lembrar que na França, um decreto da Convenção de 1793 acabou com tal constrangimento, e as pessoas, ao menos diante da lei, gozavam de liberdade de vestuário, paralelo à liberdade de expressão[9].

Vemos aí um aspecto peculiar e significativo da real situação nas Minas Gerais do período, com suas contradições e ambivalências: por maior que fosse o esforço de alguns grupos, eles não conseguiam impor sua vontade, ou seja, que a gente de cor não usasse "galas". A contínua reiteração das leis proibitivas mostra que, apesar das proibições e dos castigos prometidos pelo não cumprimento dessas leis, elas não eram postas em prática. Se fossem, não haveria motivo para as repetir e reafirmar depois de pouco tempo. As relações entre brancos e gente de cor, que se desejavam separadas totalmente e completamente hierarquizadas, não funcionavam na prática. Ao menos do modo que alguns desejavam, pois havia um meandro de relações e de negócios quase sempre escusos que impediam que as coisas fossem levadas a ferro e fogo. Eram as brechas e as cunhas que foram circunstancialmente se estabelecendo no sistema, aparentemente coeso e monolítico, mas na realidade repleto de frinchas, de exceções e de casos pessoais, substituindo e tomando o lugar da lei estabelecida e sancionada.

O maior ponto de discussão entre autoridades, resultando em atritos na vida diária, era o uso das armas, pois

---

9. Tal liberdade não se estende ao uso de roupa masculina pelas mulheres ou seu contrário, mas visa a apenas abolir a diferenciação social obrigatória por meio do traje.

tal uso significava fidalguia. Estar armado significava ter superioridade de defesa e de ataque, características nada desprezíveis naquela sociedade, mas era também um símbolo de distinção.

O problema das armas foi mencionado praticamente desde a chegada de cativos a Portugal. Desde 1521 D. João III, por alvará de 8 de julho, diz que "qualquer escravo ou negro cativo" não acompanhado de seu senhor e que tivesse consigo espada ou punhal deveria ser castigado com açoites. Nas terras do Brasil há um contínuo expedir de leis que reiteram tais proibições e parecem ainda mais repetidas nas regiões mineiras, reafirmando com vigor o seu aspecto simbólico. Mesmo porque muitas queixas referem-se aos mulatos, assinalando que eles se julgam importantes e são cheios de soberba.

Nenhum negro, carijó, mulato, bastardo ou qualquer outra pessoa que não tiver nobreza tem permissão para usar qualquer tipo de arma de fogo, afirma D. Braz Baltazar da Silveira em 1713[10]. Conforme se vê, mulatos, além dos demais, mesmo que sejam livres, caem nessa proibição. As facas também devem ser entregues aos senhores[11] e, de resto, há proibição de que a gente de cor use espadim, e nesse caso muitas vezes se explica que ele não deixa de ser um símbolo de nobreza. Inconformados, os mulatos pedem que seja permitido seu uso, como é o caso dos homens pardos da Confraria de São José, em Vila Rica, que desejam usar espada ou espadim.

Apesar de toda a celeuma a tal respeito, as facas constituem um dos prêmios que se ofereciam aos escravos

10. BH, APM SC 09, 24-7-1713, MS.
11. BH, APM SC 27, Lisboa, AHU, MG, c. 45 (classif. antiga), MS.

considerados, por qualquer razão, merecedores. Em quase todas as listas de compras de prêmios encontramos as assim chamadas "facas flamengas". São bastante numerosas e além delas encontramos canivetes e tesouras oferecidas como prêmios.

Apesar de terem outras utilidades, e talvez por isso, conforme as listas de prêmios aos escravos eram continuamente ofertadas, elas podiam também ser usadas como armas. Esse também é um ponto ambíguo, pois apesar de temerem revoltas de escravos e principalmente a ação de quilombolas, armas brancas constituíam prêmios relativamente freqüentes.

Os prêmios, sem dúvida, eram objetos almejados pelos escravos e constituíam um chamariz para alguma ação considerada economicamente, e talvez em outros aspectos, meritória. Do ponto de vista da mineração, são vistos como incentivo para que se encontre um bom veio ou uma pedra de valor, isto principalmente, e que se entregue o que foi encontrado. Caso contrário, isto é, se o presente não fosse desejado, de nada adiantaria acenar com ele. Não haveria nenhum resultado prático.

Assim, a gente de cor, livre ou cativa, procurava usar trajes que lhes possibilitassem sair do rol dos miseráveis e buscar uma certa distinção, sempre que isso fosse possível. Nesse aspecto, os prêmios oferecidos ocupam singular papel.

Mesmo que alguns destes não passassem de roupas corriqueiras, significando apenas uma troca ou muda, como diziam, não deixam de ter importância, pois os negros se queixam de senhores que não lhes dão roupas para trocar. Mas entre os prêmios elencados nas listas de compras, sobretudo nas da Real Extração de Diamantes, e mesmo em outras, como as das Santas Casas, por exemplo, há as roupas (casaco curto, espécie de jaqueta) de chita ou de baeta, além de camisas simples e outras roupas para uso diário.

Há, ainda, prêmios de maior valor, camisas que custam 1$500, enquanto as dos soldados pedestres custam 1$200; mas há, também, camisas de linho, sempre um material nobre, e camisas que valem 2$500 cada. Calções e coletes também são oferecidos, muitos de linho, e inclusive ceroulas desse material e camisas de cetim, bem como calções desse material, e especificamente fala-se da oferta de roupas de gala[12]. Uma vez que o encontro de diamantes muito valiosos possibilitava a alforria (em 1786 só maiores de 1 oitava de peso), pedras de boa qualidade mereciam prêmios condignos.

Mas o costume de premiar não se limitava apenas a assuntos de diamantes. Mesmo informações de particulares e autoridades mostram-nos que tal costume era visto como normal e interessava aos proprietários e também a seus escravos. Para os primeiros era um meio relativamente fácil de estimular a procura de pedras ou veios, levando a um rendimento maior, pois tal serviço dependia bastante do esforço e engenho humanos. O prêmio era a contrapartida do castigo e deveria ser bastante eficaz. Os donos de escravos não se preocupavam grandemente com problemas relativos às "galas" ou ao uso de armas brancas, contanto que isso não os prejudicasse diretamente. Essas questões afetavam mais as autoridades locais ou as pessoas que não dependiam basicamente de grande mão-de-obra

12. As listas de prêmios aos negros oferecidos pela Real Extração de Diamantes encontram-se em Lisboa, TC ER, em Livros de Despesas, e também no Rio de Janeiro, AN, Documentação da Real Extração de Diamantes, vol. 2525, MS.

escrava para trabalhar na mineração ou no eito. Esses eram os que desejavam manter presos ou condenar pesadamente os escravos que haviam cometido crimes ou eram considerados arruaceiros, enquanto os donos envidavam o melhor de seus esforços no sentido de manter seus cativos livres e trabalhando, mesmo que fossem criminosos. A ânsia de lucro estava sempre em primeiro lugar.

Para a gente de cor, possuir roupa ou enfeite fora do comum era sinal de distinção, proporcionando respeito e admiração de seus pares, quiçá mesmo dos demais. A vida miserável que era a regra entre os escravos da região fazia com que determinados objetos pudessem ser encarados como requinte, e nesse rol encontramos lenços e bocetas para fumo, ambos oferecidos em apreciável quantidade como prêmios. Em apenas uma lista de "Prêmios para a Escravaria" encontramos 81 lenços, muitos de linho. Coletes, inúmeros de linho, também eram cobiçados. Esses coletes, feitos com outros materiais nobres, não têm função essencialmente prática, não servem grandemente para abrigar do frio, não são suficientes como proteção nas terras de mineração. Para isso existem os jalecos, que constam da lista de compras para vestimenta dos escravos, além de véstias e outras. Os coletes encontram-se arrolados apenas nas ofertas de prêmios.

O escravo e as demais pessoas de cor compravam, sempre que possível, roupas para seu uso. Alguns cativos tinham possibilidade e permissão para trabalhar aos domingos e dias santos para si próprios. Como isso contrariava os preceitos da Igreja, há muitíssima documentação em que há criticas de eclesiásticos e outros a esse respeito. Essa permissão de trabalho mostrava-se vantajosa para inúmeros senhores, que assim evitavam gastos maiores, pois não precisavam complementar a alimentação e o vestuário dos seus escravos. Aliás, isso não deixava de suscitar a ira de religiosos.

O que a gente de cor comprava para si própria era muito variado, desde a muda da precária roupa que usavam até vestimentas e objetos mais requintados. Os vendedores ambulantes, de ambos os sexos, ofereciam chitas e tecidos diversos, como durantes, baetas e outros. Havia um grande número de alfaiates, pessoas que costuravam, além de sapateiros[13], e todos esses eram em maioria mulatos e crioulos, "uns forros e outros ganhando para a alforria". Há também venda de fitas e outros enfeites, sobretudo para vestimentas das mulheres. Aliás, havia importação desses enfeites para traje[14].

De resto, o vestuário feminino da gente de cor – como podemos ver nas obras de Debret e de Rugendas, posteriores ao período em estudo, mas não essencialmente diferente dele – era muito enfeitado.

Relatórios enviados para Lisboa por autoridades encarregadas de mostrar a situação na região das minas afirmam que negros de determinadas lavras são seguramente desencaminhadores, pois usam casacos de chita, calções de cetim e até mesmo veludos, além de enfeites.

Segundo os informantes, isso só pode ser fruto de roubo e contrabando, e resulta do desejo de se sobressair.

Evidentemente, a sociedade como um todo preocupavase com o luxo das pessoas de cor que tivessem alcançado a

13. Lisboa, TC ER, 4088. *Exposição dos Abusos*, de 1780, trata de muitas dessas questões, além de muitas outras fontes.
14. Luís Lisanti, *Negócios coloniais*, S. Paulo, Departamento do Arquivo do Estado, 1973.

liberdade. Principalmente os mulatos eram alvo dessa má vontade que acompanha todo o século XVIII. Sem dúvida, negros e mulatos livres, sempre que tivessem tal possibilidade, vestiam-se e usavam os enfeites comuns aos grupos mais favorecidos.

Buscavam de algum modo ter alguma coisa que lhes pertencesse e lhes desse alguma espécie de distinção. O maior símbolo de riqueza era, sem dúvida, a propriedade de escravos. Além do desejo de enriquecer, uma vez que todo o trabalho estava assentado na mão-de-obra cativa, há também o prestígio que isso traz, a posse de escravos por mulatos e negros livres ou forros. Assim, fosse qual fosse a cor da pele, logo que possível se comprava um escravo. Sem dúvida, para as pessoas de cor isso não era tão simples, e poucas tiveram significativo número de cativos. Estes eram indispensáveis para obter a posse de terra.

As casas, que poderiam demonstrar riqueza e boa posição social, não eram grandemente valorizadas. As mais comuns e encontradiças eram muitas vezes frágeis e precárias e, como valor, eram de certo modo quase equiparadas aos trajes. Não valiam muito mais em um período no qual roupas velhas e puídas constavam de inventários. Entre os inúmeros documentos que tratam de questões de herança e mostram-nos esse aspecto, encontramos na correspondência de Rafael Pires Pardinho[15] a menção de que, com o falecimento de um Cabo, se fizera o rol de suas roupas a fim de serem vendidas e o dinheiro apurado, enviado para Lisboa. Continua dizendo que a isso se juntaria o resultado da venda das casas que ainda

15. Lisboa, ANTT, Manuscritos do Brasil, L. 5, MS.

se conservam em pé. As roupas viam-se equiparadas às propriedades urbanas.

Assim, o que se usava no próprio corpo constituía o modo mais fácil e acessível para se alcançar certa distinção no seio de seu grupo e mesmo na sociedade como um todo. De resto, a roupa sempre teve o papel social de separar e distinguir categorias. No Brasil dos primeiros séculos isso é manifesto.

O calçado tinha no período um aspecto peculiar. A documentação praticamente não menciona a questão do calçado relacionada com o escravo e mesmo a gente de cor. Entretanto, a iconografia mostra-nos negros[16] vigiando o trabalho da mineração, e eles estão vestidos com trajes completos, que abrangem calções, meias, coletes e chapéus, e inclusive estão calçados. Trajes em tudo similares aos dos brancos de categoria. Mas isso era raro.

De qualquer modo notamos que o traje, os enfeites e as armas são vistos como sinais de distinção, um modo de se sobressair, se distinguir dos mais miseráveis, que nada tinham de seu.

Nota-se que existia uma peleja contínua entre os donos do poder e a gente de cor. Os primeiros buscavam separar nitidamente as categorias e expediam contínuas acusações contra os outros, sobretudo a respeito do uso das armas e também sobre o uso de luto e de outras prerrogativas de vestuário que consideravam monopólio seu.

Havia uma surda luta no sentido de manter menos igualitária possível aquela sociedade essencialmente desigual.

16. Em Lisboa, AHU, há uma coleção de trabalhos mostrando a mineração do diamante em que se pode notar com clareza o traje dos mineradores e aquele dos feitores.

Sem as contingências das vilas e arraiais, a situação no quilombo deveria ser diversa. Não encontramos, entretanto, documentação capaz de esclarecer a questão do vestuário em uma sociedade segregada, e que vivia suas próprias características não sofrendo dos mesmos problemas. Entretanto, até o momento, não há possibilidade de analisar esses aspectos. É certo que problemas relativos à defesa e mesmo à alimentação teriam aí um peso maior.

No decorrer do século XVIII houve na região mineira épocas de maior abundância e outras de escassez. Entretanto, como um todo, a gente de cor e mesmo os escravos tinham possibilidade de caçar, pescar, criar animais, plantar pequenas roças. Não notamos, como mostra Robert Darnton em relação à França em determinadas épocas, que todas as preocupações e desejos tivessem por assunto a comida[17]. D. Lourenço e outros mencionam preocupação geral com a indumentária.

A pintura do período, essencialmente religiosa, com seus anjos e santos, não é informativa a respeito dos trajes das pessoas de cor. Mas alguns ex-votos são bastante significativos e nos dão inúmeras informações. Tal é o caso do que representa um milagre da Senhora Santa Anna, e que se encontra em Ouro Preto[18], pois mostra um negro sendo curado por milagre da santa numa reprodução que segue fielmente as convenções. Como era de uso, o pedinte está deitado em belo leito recoberto por colcha vermelha e na cabeça tem uma touca de dormir com borla.

17. Robert Darnton, *O grande massacre dos gatos*, Rio de Janeiro, Graal, 1986.

18. Alguns ex-votos nos mostram o doente preto de modo similar a este de Ouro Preto.

Negro nas Terras do Ouro

Ex-voto típico de situação de pedido de socorro em caso de doença, esse, como outros, segue as regras e manifesta os requintes de pessoas bem-colocadas socialmente e capazes de encomendar um tipo de representação característica e convencional. Para sua execução deve ser escolhido alguém especializado, e o encomendeiro se vê colocado em posição de respeito. Seja a encomenda feita pelo doente, por sua família, ou por outrem, houve procura de uma integração entre a sociedade benestante e convencional.

Apenas poucos elementos da comunidade de negros e mulatos podiam buscar no traje um meio de ascensão. Mas, sempre que possível, procuravam uma participação que os levasse a se destacar da multidão anônima, e isso era vivamente sentido pelos grupos dirigentes locais, que reclamavam com a Europa e pediam continuamente medidas coercitivas, afirmando que a gente de cor era "rebelde e soberba". Não se esqueciam de mencionar o que consideravam abusivo em termos de vestuário.

Os negros e mulatos, por sua vez, trajando como os brancos, procuravam enfatizar a separação discriminatória em termos de situação jurídica: livres e escravos, mas na prática a discriminação também se baseava na cor.

Quanto à roupa desejada ou sonhada, ela era usada apenas em determinadas circunstâncias. Tratava-se de traje excepcional, e é possível dizer que se ligava miticamente ao passado, um passado muitas vezes mais sonhado e imaginado do que real.

No desejo de se sobrepor, ultrapassar a dificílima condição a que estavam submetidos, buscava-se um imaginário que tinha por meta as terras africanas, transformadas e mitificadas, inclusive porque muitos nem sequer a conheciam. Constituía um modo de modificar uma situação constrangedora, ocupar posição diversa da proporcionada por um cotidiano hostil. Era um ideal de liberdade, de posse de seu próprio corpo, de busca, ao mesmo tempo de sobrevivência e de adaptação na terra desconhecida na qual estavam como cativos.

A idealização do passado atingia tanto ou mais aqueles que o conheciam apenas pela boca de outros, e a impossibilidade de reencontrar tal passado real ou imaginário levava muitos a procurarem na realidade americana um lugar que lhes desse melhores condições de existência e lhes oferecesse um certo prestígio.

O quilombo oferecia a possibilidade mais radical de alcançar melhor situação de vida, ou ao menos a posse de si mesmo e a oportunidade de atingir uma posição prestigiosa no seio de sua própria sociedade. Nas Minas Gerais, os quilombos foram muito numerosos, segundo a documentação, mas quase todos tiveram existência efêmera. Se a mineração permitia a seus habitantes a sobrevivência pela agricultura, mas principalmente pela garimpagem, esse aspecto vai constituir uma das grandes facetas da fragilidade da existência desses agrupamentos.

A garimpagem obrigava-os a um contato contínuo com grupos marginais das vilas e arraiais mineiros, e a própria existência de ouro e de pedras em lugares explorados pelos quilombolas levava a uma expansão do povoamento feito pelos brancos, expulsando-os com o auxílio da tropa oficial, quase sempre, para outros lugares. Ou então acarretavam a destruição e morte dos habitantes do quilombo. Assim, essa situação faz do quilombo, em geral, um enclave temporário, destruído à medida que crescia a população e expandia-se o povoamento oficial.

Assim, na vida diária, a gente de cor numericamente mais significativa que se encontrava quer escravizada, quer na quase sempre precária situação dos desfavorecidos, procurava melhorar a sua condição individual. As festas eram um modo de sair, ainda que momentaneamente, dessa dura realidade em que se encontravam, na qual eram discriminados e maltratados por serem escravos ou pela sua cor. O mundo temporário e diverso trazido pelas situações festivas constituía uma maneira capaz de satisfazer de algum modo o desejo de prestígio. Mesmo que por poucos momentos, era um modo de se sobressair.

Nas festas, o vestuário era uma faceta significativa. Tinha a função de manifestar visivelmente a ruptura com a vida diária, o encontro com uma posição elevada e distinta, acima dos demais.

Entrava-se no tempo mítico da festa[19], no caso e no período, festas do catolicismo, temperadas quase sempre com danças e cantos africanos, e que traziam muito valorizadas oportunidades de se exibir um valioso vestuário. Era o momento em que personagens fora do comum e da realidade local tomavam corpo e participavam integralmente do dia-a-dia da comunidade. Era a ruptura com o curso normal de trabalho e miséria esgotantes, de comida repetitiva e monótona, de trajes pobres e indesejados.

A maneira mais visível de mostrar essa violação da realidade cotidiana e corriqueira é representada pelo traje. Afirma uma situação diversa daquela diária, colorida e festiva, ainda que efêmera. Constitui um momento em

---

19. Agnès Villadary, *Fête et vie quotidienne*, Paris, Les Editions Ouvrières, 1968. O assunto é discutido por inúmeros autores, Mary del Priore, *A Festa*, por exemplo.

que a gente de cor não se vê posta de lado, empurrada para uma pobreza obscura e apagada. Os reis nas festas de irmandades, os reis do Congo, as rainhas e mesmo a corte eram eleitos e, segundo Bastide[20], essa situação paradoxal se estendia a toda a América católica.

Nos livros das irmandades da gente de cor sempre se fala com grande respeito sobre os reis e as rainhas, mesmo aqueles que o foram no passado[21]. Os demais membros da comunidade também se mostravam considerados com essas autoridades efêmeras. Podiam assim apaziguar os ânimos, controlar a gente de cor e lhes proporcionar o "circo", uma vez que o "pão" fornecido era amargo e parco.

As tradições africanas, ao menos as banto, aproximavam-se desse tipo de festas, com suas cores vivas, que tinham a característica do vestuário dos principais personagens dessas comemorações, com seus reis, rainhas, príncipes e princesas, porta-estandartes e mordomos, personagens variando conforme o local. Nas Minas Gerais, pelo que pudemos notar, não havia restrições à participação de pessoas das mais variadas etnias africanas, não havendo impedimento para alcançarem as cobiçadas distinções. Isso se refletia também nos senhores de escravos escolhidos, e estes, muitas vezes, empenhavam-se para a eleição de quem lhes pertencia.

A feitura dos trajes parte de características tipicamente européias. O viajante Henry Koster, por exemplo, descrevendo as roupas do rei e da rainha, assinala que são à moda antiga, ou seja, repetem trajes europeus já em desuso no Antigo Continente. Mas nota também que as cores são vivas e variadas. Usam grandes saias e justos corpetes, com

20. Roger Bastide, *As Américas negras*, São Paulo, Difel, 1974.
21. Julita Scarano, *Devoção e escravidão*, S. Paulo, Ed. Nacional, 1979.

muitos enfeites, e os homens seguem os trajes da corte, primando pela suntuosidade e mesmo extravagância, em determinados casos.

Nas festas comuns a todos os habitantes da Capitania, tais como *Corpus Christi*, do Espírito Santo ou na Semana Santa e outras – como foi o Triunfo Eucarístico em Ouro Preto, por exemplo –, a gente de cor, que delas participava ativamente, por meio de suas irmandades, timbrava em se vestir como os demais, com o mesmo luxo e qualidade. As opas são de seda, inclusive branca, usam capelinhos e, enfim, tudo o que os levasse a participar condignamente das festividades em situação similar à dos demais. É quando a gente de cor consegue ocupar um lugar que não alcança atingir na vida cotidiana e lembra a nobreza perdida, quando, no século XVI, alguns africanos visitavam Portugal como convidados de El-Rei e foram violentamente obrigados a servir como cativos.

A ocasião festiva, quando o negro pode exibir decoro e luxo, constitui uma ruptura das normas e das relações entre os grupos que vivem colocados em situações antagônicas de escravo-senhor ou preto-branco, e, por um tempo muito breve, pretende-se esquecer o preconceito habitual. É um reinado do efêmero, uma situação de sinal trocado, mas mesmo assim não se economizavam esforços para que essa situação, como no nosso Carnaval, tivesse seu brilho, mesmo a sua seriedade.

Também diferente da situação habitual e precária, a representação de santos de cor nos altares católicos mostra e afirma a autovaloração. Tomando apenas os trajes e os atavios como referência, notamos que São Benedito, Santa Efigênia e Santo Antonio de Catagerona usam roupagens similares às de todos os demais santos. Inúmeros

Aquarela de Carlos Julião retratando o trabalho nas catas em uma extração de diamantes. A obra mostra as diversas fases da extração, e podemos notar a parca indumentária dos trabalhadores. Os trajes dos feitores brancos, com seus chicotes ameaçadores, são completos e mostram a nítida separação entre pessoas de diferentes categorias e funções.

sinais externos de importância e grandiosidade assinalam que esses santos deveriam ser vistos como figuras do panteão celeste, fosse qual fosse a cor de sua pele.

Nas igrejas de irmandades de gente de cor, são muito numerosas e ricas as representações desses patronos, mas mesmo em igrejas de brancos eles são encontrados. As figuras esculpidas seguem o estilo vigente, e as roupagens e mantos desdobram-se em pregas e desenhos dourados, como as dos demais. As modificações de estilo seguem a moda do momento, sem interferência de outras considerações.

Alguém que mereceu a honra dos altares também merece trajes de prestígio e posição majestática. Como acontece com as representações dos ex-votos, notamos que mesmo os habitantes brancos das terras mineiras são, muitas vezes, devotos de santos de pele escura.

O traje do santo de origem africana constitui, do mesmo modo que as roupas de rei e de rainha, uma maneira de manifestar importância e valor em face de uma sociedade que tudo fazia para manter a dicotomia negro e branco.

Entretanto, as roupas dos santos não significavam que houvesse no local requinte no modo de vestir. Mesmo as pessoas mais categorizadas não mantinham padrão elevado em relação ao vestuário. Em testamentos, por exemplo, encontramos o rol de roupas[22] de pouquíssimo significado misturadas com outros bens, que estão ali elencadas mesmo quando pertencem a pessoas de relativas posses. Trajes simples, usados, inclusive lençóis e cobertas que não possuíam grande valor, foram vistos como

---

22. Em Ouro Preto, no arquivo do Museu da Inconfidência, por exemplo, há vários testamentos que colocam roupas ao lado de outros bens a serem herdados. De resto, essa prática é comum.

dignos de distribuição entre os herdeiros. Os trajes e as "galas" representavam prestígio para todos os membros daquela sociedade, fosse qual fosse sua cor.

As roupas dos santos, brancos ou negros, eram cópias de estampas vindas de Portugal ou do litoral brasileiro. Também as vestes das imagens esculpidas não tinham por base a realidade, mas representavam convenções que se viam repetidas pelos santeiros locais, que buscavam mostrar dignidade.

Margem do sistema: quilombos e revoltas

Partícipe da vida local, caso contrário não sobreviveria, o negro foge do sistema quando vai para o quilombo. É a tentativa de sair do círculo que o oprime e humilha; é, de certo modo, a volta a uma vida que lhe pertence, a um sistema de aldeia que foi obrigado a abandonar quando o agarraram, transformando-o em escravo.

Mas não chega a ser uma volta: está em outro ambiente; o milho ou a mandioca americanos são seus alimentos; as roupas, outras; plantas e aves diferentes. Não pode retornar ao ambiente que perdeu.

Acima de tudo, não pode manter apenas contato com pessoas de sua própria etnia, de sua língua. Nas Minas Gerais misturavam-se deliberadamente escravos de diversas etnias e, se algumas predominavam, quase nunca havia a possibilidade de reunir um grupo coeso e numeroso, capaz de fazer face às dificuldades e às perseguições. Línguas diversas deveriam cruzar-se pelo mesmo quilombo, diferentes costumes, variadas crenças. Era preciso aceitar a mistura, sanar as divergências. Negros africanos de várias origens, crioulos nascidos no Brasil, vindos de pontos distantes, mulatos, brancos marginalizados reuniam-se em um mesmo lugar. Isso explica por que o português era muitas vezes a língua franca que unia a todos, porque havia rezas e cerimônias católicas. Se o essencial era sobreviver, nada mais natural que se buscasse transformar pessoas de origens diversas em um grupo coeso, funcionando como uma aldeia verdadeira.

Os modelos mais próximos eram os indígenas ou aquele português. Eram os únicos conhecidos por muitos, os pontos de referência dos que aqui haviam nascido, dos que chegaram na infância. A sobrevivência também exigia que se mantivesse comércio, pacífico ou de ataque, com as pessoas das vilas ou arraiais circunvizinhos. Havia mútua vantagem: troca de ouro e de pedras por alimentos, por bebidas e armas. Quem não vivesse num quilombo perdido e isolado em áreas longínquas tinha de repetir de certo modo o sistema de vida local. Assim, o quilombo era, na medida do possível e de suas peculiaridades, repetição modificada da sociedade que o gerava.

Nas Minas Gerais o quilombo não é uma aldeia africana, nem pode ser uma cópia dela: tem de se adaptar às circunstâncias e ao local. Ele não se pretende parte da sociedade em geral, e é visto por ela como perigosa excrescência. Constituía grave preocupação das autoridades, que o encaravam como elemento de desordem, perturbando a organização que desejavam manter. Afetava o negro, que via nele um meio de fugir da escravidão e do trabalho escorchante, e também o branco, que temia assaltos e ataques e que, muitas vezes, entrava em conluio com os quilombolas para defraudar os governantes.

Há uma contínua guerra entre os escravos fugidos e o poder estabelecido, que os caça. É grande o número de "recuperados" ou de fugitivos que "aparecem", segundo a linguagem que usam, inclusive no rol para o pagamento dos quintos reais[1].

Poucas vezes as autoridades relacionam os maus-tratos, a brutalidade dos donos, aos problemas das revoltas, das fugas; mais raramente tomam-se quaisquer medidas para diminuir esses maus-tratos. Os habitantes não desejam a interferência de autoridades superiores em nenhum de seus assuntos e fazem por minimizar qualquer ação que possa fiscalizar seus atos. Tanto os membros da administração da Capitania quanto as pessoas categorizadas tudo fazem para afastar qualquer interferência que viria a lhes prejudicar os negócios. Sempre põem a culpa naqueles que não têm possibilidade de defesa.

Menos ainda se cogita acerca da legitimidade da escravidão ou da fuga. Esta é encarada apenas como a perda de uma propriedade, que se busca de todos os modos recuperar. Inclusive os governadores têm interesse no caso, uma vez que o próprio D. Lourenço de Almeida diz que os governantes recebiam propina pelos negros recapturados; a profissão de capitão-do-mato era muito bem-remunerada, e se fazia farta distribuição de dinheiro a fim de reencontrar os escravos fugidos. Em 1736, em uma lista de matrícula há quarenta escravos "recuperados" ao lado de apenas 103 "adventícios", ou seja, recém-chegados. No ano anterior há setenta fugitivos recuperados[2].

A fuga individual, quando não buscava o quilombo, levava muitos escravos a irem para outras vilas e arraiais, onde se estabeleciam como alforriados, até que isso fosse

1. Como, por exemplo, em OP, ACC, Rolo 5, APM vol. 2, MS.
2. BH, APM SC – Registro de escravos no Tijuco, 1735-1784, MS.

descoberto e castigado. Há alguns informes que dão conta dessa situação, mas o mais corriqueiro era a fuga para se homiziar no quilombo.

Ele foi presença constante no decorrer do Setecentos. Rafael Pires Pardinho, escrevendo em 1735 do Tijuco para Pina e Proença[3], diz: "aqui estamos cercados de calhambolas", e conta fatos que comprovam a presença constante e os ataques que empreendiam. Termina por afirmar que os calhambolas são a perdição das minas.

Na região diamantífera talvez fosse mais constante que em outras áreas a presença de quilombos, pois o diamante lhes dava possibilidade de troca e de sobrevivência; mas isso também acontecia nas demais. O ouro oferecia boas oportunidades e D. Lourenço de Almeida afirmava que os negros vão mineirando por toda a parte, muitas vezes em lugares que haviam sido abertos e abandonados pelos donos das datas.

A Câmara de Vila Rica luta muito contra os quilombolas, mas, segundo um documento, os presos são logo soltos, e por isso alguns desejam que se coloquem ferros nos pés dos prisioneiros e que estes sejam obrigados a servir por um ano nas obras de Sua Majestade. Chega-se mesmo a propor que se corte a mão esquerda (o que possibilitaria que ainda trabalhasse) do escravo que cometeu delito capital e, se fosse reincidente, lhe impusesse "morte natural"[4].

Esse aspecto da punição do escravo fugido, dos que cometeram crimes, mesmo de morte, sempre foi ponto de controvérsia e discussão. Deseja-se manter a ordem,

3. Lisboa, ANTT, Manuscritos do Brasil, L. 5, MS.
4. Lisboa, AHU, Cód. 244, MS.

teme-se a presença dos negros fugidos, mesmo dos livres, julga-se que a população se vê prejudicada e que, portanto, os escravos que são considerados criminosos devam ser castigados. Mas ao mesmo tempo os proprietários não desejam perder um bem caro e valioso, e só admitem pequenos castigos para seus escravos. Desejam vingança rigorosa apenas quando eles ou suas famílias sofreram graves "insultos", mas pretendem que o castigo parta deles mesmos, sem interferência ou com pouca interferência das autoridades.

A falta de dados escritos dificulta o conhecimento de como exatamente organizava-se um quilombo mineiro no século XVIII. Segundo um documento[5], quilombo é o lugar onde os negros se arrancham no mato em forma de aldeias. Autoridades, soldados, habitantes de vilas e de arraiais continuamente referem-se a quilombos, dando conta de sua existência, dos ataques que fazem seus habitantes, das maldades que praticam segundo o ponto de vista desses informantes, de seu desprezo à lei dos brancos e outros fatos de teor semelhante. A visão é sempre aquela de quem está do outro lado da questão, e, por isso, se existem informes sobre localização, quantidade, problemas que trazem, não encontramos até o momento a voz dos quilombolas, para que seja possível conhecer internamente o que caracterizou o quilombo.

Sem dúvida ele constitui um ajuntamento de grupos de diversas origens, com a presença de mulatos e mesmo de brancos. Isso mostra que não se fugia apenas da escravidão, mas também de uma situação que parecia perigosa e insustentável. Era um lugar onde seria possível se homiziar,

---

5. Lisboa, BN, POM, Cód. 738, Miscellanea, MS.

ter liberdade ou se distinguir. Há quem considere quilombo "a habitação de negros chegando a cinco"[6]. Mas, geralmente, tem mais de vinte ou trinta pessoas.

No quilombo, do mesmo modo que em toda a região das minas, há um problema bastante sério que diz respeito à diferença numérica entre os sexos, assunto mencionado também por Roger Bastide[7], mostrando que a maior quantidade de homens vai impedir a reconstituição de uma vida familiar e grupal. Existem mulheres no quilombo, mesmo crianças, mas a vida se vê afetada por serem as mulheres numericamente inferiores. As mulheres, além de serem levadas em número muito menor para as Minas Gerais, são também mais facilmente alforriadas. Fala-se incomparavelmente mais de negros recapturados que de escravas.

Outro aspecto que tem significado é a perda de referências tribais, pois, conforme mencionamos, há pessoas de várias cores e etnias reunidas em um mesmo quilombo. Como exemplo, há uma curiosa história de um mulato escravo, intitulado rei de um quilombo, que foi preso com uma concubina (conforme consta do documento), dois filhos e quatro escravos. O fato de um mulato ter alcançado titulo tão significativo[8] mostra essa perda de referencial, pois além da cor ele certamente nascera no Brasil e, por sua vez, possuía escravos, o que mostra não ser sempre igual a organização interna de um quilombo. É preciso, entretanto, lembrar que na África também havia escravidão.

Por outro lado, notamos a não-aceitação dos valores e peculiaridades do outro por parte dos captores, pois insistem

---

6. Coimbra, Biblioteca da Universidade, S. de Manuscritos, Cód. 710.
7. Roger Bastide, *As Américas negras*, São Paulo, Difel, 1974.
8. BH, APM SC, 56, p. 103, MS.

em chamar de concubina a mulher desse rei, mãe provável de seus filhos. Não tendo havido casamento pelas leis da Igreja, não se aceita como legítima a organização familiar.

Tendo ou não governantes titulados, o quilombo se difundiu por todas as áreas, e alguns duraram muitos anos, como por exemplo acontece com um entre Pitangui e o rio das Mortes. Muitas vezes estavam próximos a vilas e arraiais, que sofriam ataques contínuos. Pina e Proença narra que em um ataque o dono da casa só se salvou porque os quilombolas o julgaram um padre e predominou a opinião de que ele deveria ser deixado vivo, o que mostra que se decidiu pelo consenso da maioria, talvez significando a igualdade entre eles. Por outro lado, também se nota a influência dos costumes locais, uma vez que esse episódio teve lugar em 1735, momento no qual a maioria dos escravos era africana, mas mesmo assim respeitaram e pouparam alguém representante do cristianismo. É possível interpretar também como um respeito a qualquer figura relacionada com o sagrado.

Apesar dos ataques, do medo dos habitantes, das reclamações e pedidos às autoridades para que se destruam esses aglomerados, há uma simbiose entre o sistema vigente na região e o quilombo, a outra face daquela organização. Ele constitui algo como um corolário dela.

O quilombo surgia à margem do sistema, usando as características deste para se estabelecer e, de certo modo, servindo de válvula de escape para todos os habitantes do local, sempre ansiosos para fugir do fisco e agir de acordo com seus interesses. Usa-se a presença de quilombolas como pretexto para tudo o que acontece. O quilombola, sendo alguém em desacordo com as regras, é natural que venda ouro e pedras sem pagar os direitos, que oculte o que não interessa mostrar, que minere em lugares vedados e proibidos. Essa marginalidade foi continuamente usada como pretexto pelos habitantes das vilas e arraiais, das fazendas, para, agindo a seu bel-prazer, ter a quem culpar e, também, em conluio com os aquilombados, ter lucro e maior proveito nos negócios.

Para o negro, o quilombo era o meio de obter ou de retomar um tipo de vida mais de acordo com seus anseios, era a meta que pretendia atingir quando fugia, era o refúgio de perseguições e crimes. Formava uma simbiose entre aquilo que ele desejava e procurava e o mundo no qual viveu anteriormente. Mesmo quem nasceu na região das minas sonhava com um mundo no qual tivesse papel.

O crescimento populacional, o próprio crescimento do quilombo – a ponto de afetar a vida do branco nas terras mineiras –, vai fazer com que este tenha quase sempre existência efêmera. A necessidade de alimento levava os quilombolas a atacar vilas, fazendas, arraiais e suscitar ódio e temor nas populações, que insistiam continuamente com as autoridades para que eles fossem destruídos. Por outro lado, o esgotamento das lavras, trabalhadas de maneira apressada e irracional, fazia com que houvesse continuamente necessidade de novas terras para serem exploradas, e isso levava à destruição de quilombos que estavam no caminho dessa expansão. A expansão desse povoamento leva a destruir inúmeros quilombos que se mantiveram enquanto não atrapalhavam a ação dos donos do poder. Apesar disso, há muitos em redor das vilas mais ricas e populosas, uma grande quantidade nos arredores de Vila Rica, por exemplo, apesar de todas as ordens para que se formem esquadras com soldados do mato em cada distrito e se propale a idéia de que sejam perseguidos mesmo pelas forças militares[9].

Os governantes são os mais ativos em pedidos de auxílio pecuniário e soldados ao rei para vencer a ação dos aquilombados. Isso gera, por outro lado, inúmeras discussões, pois as autoridades se inclinam a que se paguem aos capitães-do-mato seis oitavas de ouro por cada cabeça de negro que "apresentarem morta"[10], o que nem sempre agrada aos donos desses escravos, que representam contra os capitães-do-mato. Houve problemas e discussões nesse sentido, cada grupo lutando para salvaguardar seus próprios interesses. A opinião que parece mais difundida afirma que seria bom destruir os quilombos, aprisionar e devolver os negros aos seus donos, mas a mortandade desses negros não é geralmente bem-vista, pois ela priva os senhores de escravos do que consideram sua legítima propriedade.

Levados pelos capitães-do-mato às vilas e arraiais, os negros recapturados, tanto os que buscavam uma fuga individual como os que se encontravam em quilombos, eram geralmente encarcerados à espera de que sua situação fosse resolvida. Conforme vimos, era comum que os carcereiros os soltassem ou os deixassem fugir. O carcereiro de Vila Rica na segunda década do século é acusado disso[11]. Para impedir que houvesse escravos perambulando, e, no meio deles, fugitivos da cadeia, desejava-se que eles portassem bilhetes com ordens de seus senhores, com data

9. BH, APM SC, 09-1742-1743-1770-1772, MS, além de Lisboa, AHU, MG, c. 40, nº ant. e outros, MS.

10. Lisboa, AHU, Cód. 241, 1741, MS.

11. BH, APM SC, 09, MS.

e explicações sobre as razões de sua caminhada. Essas ordens rígidas eram pouco cumpridas: os donos, inclusive, nem sempre sabiam confeccionar tais licenças.

A prisão dos quilombolas era do interesse de parte da população, que os temia e sofria seus ataques. No tempo de Rafael Pires Pardinho há pedidos contínuos de providências nesse sentido às autoridades, inclusive informando que em um quilombo foram encontradas duas moças paulistas retidas em cativeiro.

Fala-se também da "insolência" de pessoas ricas que não cuidam de seus escravos, da "insolência" da gente de cor, e as reclamações levam o governo a tomar algumas medidas drásticas visando diminuir a criminalidade. Ao menos isso acontece no papel, mas é difícil saber se, e de que maneira, foram seguidas. De resto, os capitães-do-mato que perseguem quilombolas e demais fugitivos são mais criminosos que qualquer outro, e assim são considerados, inclusive no período. Há mesmo uma afirmação[12] de que são ordinariamente índios carijó ou mulatos, e que prendem escravos que vão a negócios de seus senhores, com todas as licenças em ordem. Enfim, fazem de tudo para terem lucro e, como funcionários, julgam-se aptos a infringir a lei.

Em suma, mesmo com todas as ameaças e a transferência de muitos "facinorosos", sobretudo mulatos, para o Rio Grande, Colônia (do Sacramento) ou Angola, a situação manteve-se praticamente a mesma no decorrer de todo o século.

Em relação aos presos nas cadeias, temos aí uma eloqüente amostra da ambigüidade e ambivalência, uma vez que ao mesmo tempo em que se deseja coibir a crimi-

---

12. Lisboa, BN, POM, Cód. 738, Miscellanea, MS.

nalidade da gente de cor, seja esta real ou apenas fruto daquele sistema injusto, cada senhor deseja que não fiquem presos seus próprios escravos. A mentalidade é a de que os negros criminosos são os dos outros, ou melhor, os livres e os forros. Assim, há continuamente notícias de que criminosos foram tirados da cadeia, inclusive o próprio escrivão da Câmara de Vila Rica[13] agiu assim. Há repetidos casos de criminosos libertados e de livros da cadeia truncados, o que impede que se conheça a identidade dos antigos presos ou a verdade dos fatos. Livros "rasurados" ou "truncados" não são incomuns, e as pequenas autoridades estão sempre dispostas a interpretar a lei em proveito próprio ou fazendo pouco dela. Usam muitas vezes esses escravos para lhes fazer serviços. É um sistema que se estabelecera no país e faz com que o prestígio pessoal do cargo, a riqueza, sejam desculpas para não cumprir as ordens.

De resto, não é preciso ser um proprietário poderoso: um carcereiro deixou que o escravo de um ferreiro voltasse para a casa de seu dono, apesar de ser ele salteador de estrada e autor de três crimes de morte. Esse fato indignou Pina e Proença, que desejava que o dono fosse punido por corromper os "oficiais públicos".

Brigas de negros com negros ou mulatos, muitas delas sangrentas, eram geralmente punidas com rigor. Há outras questões que parecem mais escandalosas à população e às autoridades, e mais merecedoras de castigo, como o caso de uma mulher que matou o marido e fugiu com um mulato. Há inúmeras referências a este caso[14], que teve as-

---

13. Lisboa, ANTT, Manuscritos do Brasil, L. 4, MS.
14. Lisboa, ANTT, Manuscritos do Brasil, L. 3, MS.

sassinato de cônjuge, corpo jogado no rio e depois encontrado, além do fato de a mulher (cuja cor não se menciona) ser filha de um paulista muito "insolente" porque tinha parentes importantes. Tudo isso chamou a atenção. Para agravar, a mulher fugira vestida de "homem", e foi em sua fuga acompanhada por um negro. Os trajes masculinos, a participação de pessoas de cor diferente etc. levaram a um escândalo local de grandes proporções, e aí houve empenho das autoridades, e, mesmo dando muito trabalho, o mulato acabou preso.

Os mulatos, os negros e negras forras eram de certo modo vistos como discrepantes. Eram em número significativo, principalmente os mulatos, conforme vemos nos "rol de população", sobretudo na segunda metade do Setecentos. Muitos eram livres e às vezes chegavam a senhores. Há nas listas uma quantidade razoável de negros e sobretudo de negras forras proprietários de escravos. Em 1736, por exemplo, há negros forros e principalmente negras matriculando seus escravos. A maioria tem um ou dois escravos. Inúmeros testamentos deixam cartas de alforria[15]. Há também no Arquivo da Arquidiocese de Mariana, em Livros de Devassas[16], um grande número de forras que são encaradas como "cúmplices" em casos de concubinato, como se pudessem não aceitar a imposição dos brancos. Inclusive negras escravas, sem a menor possibilidade de reação, também são encaradas do mesmo modo. Certamente não é questão de culpabilidade, mas de parceria no concubinato. As relações sexuais vão servir de veículo e oportunidade para negras e mulatas obterem alforria ou

15. Mariana, AAM, F 3, por exemplo, encontramos alguns documentos onde se mencionam cartas de alforria.

16. Como um exemplo, entre outros, Z3 e Z4, Devassas, 1748-1749.

mesmo possuírem escravos. A Igreja e a sociedade encaravam-nas como marginais e, de fato, não faziam parte do que consideravam legítimo naquela sociedade.

Em outro setor, a presença de negros libertos suscitava críticas e também desconfiança, pelo fato de forros e forras poderem se casar com escravos. Há informações a esse respeito, e na paróquia de Antonio Dias[17] 25% dos casamentos de escravos eram com forras. Essa situação fazia com que a mistura de condições jurídicas levasse a complicações perturbadoras. Certamente sofrimento para a gente de cor e uma situação que os senhores não viam com bons olhos.

Sobretudo nos primeiros decênios havia muita insistência dos padres para fazer escravos se casarem, em vez de se amasiarem[18]. Esses casamentos eram difíceis de serem realizados e mantidos, e isso colocava a gente de cor em uma situação que aquela sociedade e a poderosa Igreja consideravam pecaminosa. Os negros que buscavam se integrar na comunidade queriam se casar pelas leis vigentes, mas para os escravos os senhores levantavam toda sorte de dificuldades. As Constituições Primeiras do Arcebispado da Bahia[19] diziam que tais senhores incorriam em grave pecado, mas na vida prática não se aceitava o que parecia prejudicial aos serviços. Apesar disso, consultando alguns documentos emanados da Igreja, parece que os escravos eram os culpados pela situação, sendo criticados por coisa que não podiam solucionar.

17. Francisco Vidal Luna, Iraci del Nero Costa, *Minas colonial, economia e sociedade*, S. Paulo, Pioneira, 1982.

18. Há relativa documentação a esse respeito e como um exemplo, Porto, BPMP, Cód. 296, MS.

19. Sebastião Monteiro da Vide, S. Paulo, Typographia 2 de Dezembro, 1853.

130 JULITA SCARANO

As revoltas de negros, escravos ou livres, foram mais planejadas e comentadas pelos negros e pelos donos do poder do que realizadas. Algumas foram planejadas para ter grandes proporções, como a da Semana Santa de 1756[20], que se transformou no fantasma dos benestantes, que constantemente a tomavam como uma possibilidade, como algo prestes a acontecer. Mais se falou de revoltas prontas a estourar que de acontecimentos reais, e Diogo de Mendonça, em 13 de abril de 1735, diz que os povos das Minas temem muitas vezes mais quimeras fantásticas do que a realidade[21].

Por ocasião das revoltas havia espiões que impediam que estas tivessem o resultado desejado, e nesse aspecto teve para os brancos grande valia a rivalidade entre os vários grupos africanos, que dificilmente conseguiam estabelecer uma frente comum. Também os capitães-do-mato têm papel na questão, pois, perseguindo os negros refugiados ou aquilombados que poderiam servir de retaguarda às revoltas dos habitantes das vilas e arraiais, geralmente se mostravam radicais, assassinando seus perseguidos antes de apurar quaisquer fatos. Acusados, eles sempre afirmavam ter chegado a isso porque houve revolta sangrenta, demasiada resistência e usavam outras desculpas de teor semelhante. Como eram protegidos pelas autoridades e por muitos outros, acabavam por se livrar das pechas que lhes atiravam. São raros os que foram castigados, apesar da grande quantidade de crimes que cometeram.

Há ainda que melhor se estudar essa questão das revoltas. Houve menção de uma delas nas Catas Altas[22], e que

20. Julita Scarano, *Devoção e escravidão*, op. cit.
21. Lisboa, ANTT, Manuscritos do Brasil, L. 3, MS.
22. Lisboa, BN, POM, Cód. 738, MS.

foi "exemplarmente castigada", explicando que foi um levante de negros, uma conjuração. Faltam dados, entretanto, que melhor mostrem o processo dessas revoltas. Suas causas remotas são fáceis de discernir, dada a situação vigente, mas os informes estão mais interessados no modo como conseguiram resolver a questão, e não se preocupam em explicar a revolta. De resto, timbram em desvalorizar a ação dos outros, inculpar aqueles que não têm meios eficazes de defesa, como foi, por exemplo, no caso de Felipe dos Santos. Dom Lourenço de Almeida enviou ao rei uma explicação daquela revolta que não comprometia os poderosos.

Poucas vezes qualificam de heróica a resistência que a gente de cor oferecia, como aconteceu com os defensores de um quilombo na Comarca do Rio das Velhas[23], quando os habitantes se defenderam "valorosamente" e, derrotados, foram passados à espada.

A severidade que usavam, o melhor aparelhamento que possuíam, o uso de soldados de toda a espécie, as armas poderosas, ao lado das rivalidades internas entre os negros, tudo era de molde a impedir a eclosão de revoltas ou a vitória dos revoltosos.

A comunicação de um arraial com outro, de uma fazenda ou cata, também tinha o objetivo de diminuir as possibilidades de os escravos fugirem. A organização centralizada fazia com que houvesse dificuldade de se conseguir vitória em um ataque ou revolta, de qualquer tipo que fosse, contra o poder estabelecido. Era mais fácil à gente de cor buscar refúgio longe da presença dos brancos, ou seja, das autoridades. A maior parte desses refúgios, entretanto, não pôde se manter por muito tempo.

23. Lisboa, BN, POM, 479, MS.

Saúde e sobrevivência

Conforme se pode notar nas Minas Gerais do século XVIII, a vida apresentava difíceis condições de trabalho e sobrevivência. Para a gente de cor havia dois fatores que, mais do que quaisquer outros, serviam para complicar a situação: a escravidão e o preconceito.

Os problemas de morbidade e mortalidade relacionam-se com as características trazidas pela escravidão. Não se pode esquecer que, mudando de um lugar para outro, as pessoas ficam sujeitas a inúmeros males que não as afetavam em seus pontos de origem. Estudando essa questão, Philip Curtin[1] mostra que, por não terem convivência com determinados tipos de doença que não fazem parte de seu meio ambiente, as pessoas não têm imunidade para tais doenças e estas se manifestam com extrema gravidade. Foi o que aconteceu com os europeus no continente africano e com os africanos na América. Isso sem falar das doenças trazidas por outros povos, que dizimaram populações inteiras, como foi o caso dos indígenas deste continente.

---

1. Philip Curtin, "Epidemiology and the slave trade", in *Political Science Quarterly*, vol. XXXIII, nº 2, 1968, bem como outros autores.

Esses problemas de saúde e de doença tiveram papel significativo no crescimento e na distribuição populacional, na vida de pessoas das mais diversas etnias. Não se pense que apenas africanos ou indígenas, bem como europeus vindos de fora, eram atingidos por epidemias. Elas atacavam a população em geral e apareciam como contínuas e virulentas aos olhos dos que escreviam para Lisboa. Há uma constante queixa a esse respeito, e muita preocupação com os problemas de saúde que afligiam as autoridades locais, os agregados e os escravos.

A alta mortalidade atingia inclusive pessoas jovens, o que vem a afetar o crescimento populacional. Mas esses problemas, bem como os de morbidade e mortalidade, caracterizavam quase todos os países no período, conforme é de conhecimento geral.

Houve, entretanto, crescimento populacional, mudança na composição dessa população, e o recenseamento de Vila Rica de 1804[2] mostra-nos que o contingente de africanos se concentrava nas faixas que abrangiam de vinte a 29 anos de idade e acima desse grupo etário, enquanto os crioulos tinham maior número de representantes nas faixas abaixo de trinta anos e pouquíssimos em idade mais avançada. Tratando-se de escravos, notamos também ser pequeno o número de pardos e cabras escravizados naquele recenseamento. Não tratarei, neste trabalho, de assuntos populacionais, que, de resto, vêm sendo ativamente estudados em análises de cunho quantitativo, mas desejo apenas mencionar as preocupações dos habitantes do local com problemas de saúde e de mortalidade.

---

2. Herculano Gomes Mathias, *Um recenseamento na capitania de Minas Gerais, Vila Rica, 1804,* Rio de Janeiro, Arquivo Nacional, 1969.

Estes afetaram e afetam o trabalho, e tal era a preocupação dos que escreviam para Lisboa. Muitos consideravam o negro particularmente sensível às doenças, o que se explica pela questão epidemiológica. Há mesmo os que têm opinião semelhante à de Debret, que os julgava sobremodo afetados pelo frio e pela umidade, afirmando que deveriam se agasalhar bem. Evidentemente, o tipo de trabalho tem muito a ver com este problema, pois na mineração se permanece horas e horas com os pés na água.

As autoridades preocupavam-se com a saúde dos escravos, uma preocupação longínqua que se manifestava mais no sentido de que não fosse burlado o fisco quando os escravos adoeciam ou morriam. Algumas pessoas, entretanto, afirmavam que os cativos deveriam ser melhor tratados.

Quanto aos proprietários, se bem que procurassem manter seus escravos, considerados legítima e valiosa propriedade, nem sempre agiram no sentido de lhes preservar a vida e a saúde. Também se preocupavam com a questão de ter de pagar direitos por escravos doentes ou "incapacitados", e usavam de contínuos expedientes para diminuir suas despesas.

Algumas medidas eram tomadas, como levar os doentes ao hospital, o que acontecia com os negros matriculados no trabalho do diamante, por exemplo. Além de serem recolhidos ao hospital, o administrador deveria mandar um representante capaz de verificar se tudo estava em ordem e inclusive se não ocorriam falcatruas[3].

Também se afirma que é necessário que ao menos haja enfermeiros capazes de tratar dos escravos quando não

3. Lisboa, AHU, MG, Cód. 35, numeração antiga, MS.

houver possibilidade de se construir hospital. Entretanto, procura-se fazer economia e fala-se, por exemplo, que os enfermeiros devem ser contratados quando houver necessidade e despedidos quando diminuir o número de doentes. Esses enfermeiros são negros, considerados excelentes, e isso nos leva a supor que ou haveria um excedente de pessoas capacitadas para tal função, a fim de atender prontamente aos chamados, ou que havia epidemias que se manifestavam com certa regularidade, momentos em que era necessário maior número de enfermeiros. Aliás, há também sugestões para que se utilizem nas enfermarias os serviços de escravos velhos, incapacitados para os misteres da mineração. Ao mesmo tempo que se procura sanar os males e doenças, pede-se que as despesas sejam contidas.

A questão de enfermeiros ou de pessoas capacitadas para tratar de doentes parece tão séria no período, que em São Paulo, por exemplo, consta do compromisso da Irmandade do Rosário dos Homens Pretos de Santa Efigênia a necessidade de haver enfermeiros capazes de cuidar dos irmãos doentes[4].

Sobretudo em momentos de epidemia, como a de 1780, há afirmação de que as Santas Casas estão em grande pobreza e não podem atender bem os enfermos. De resto, tudo era difícil, inclusive a presença de médicos ou cirurgiões qualificados. As enormes distâncias dificultavam muitíssimo, como aconteceu quando numa briga de soldados um cabo foi ferido a faca: o cirurgião levou três dias para chegar e acudir o enfermo, que morreu

4. São Paulo, Arquivo da Cúria Metropolitana, Associações Religiosas, Compromisso da Irmandade de Nossa Senhora do Rosário dos Pretos, 1798.

antes do socorro. De resto, este era quase sempre bem pouco eficaz[5].

Difícil também era haver remédios no momento em que se faziam necessários. A princípio eles vinham preparados de fora, e depois passaram a ter manipulação local. Dizia-se, inclusive, que as boticas os falsificavam e vendiam horríveis misturas.

Assim, era mais fácil apelar para a medicina local, que os bem-pensantes chamavam de feitiçaria, e para os remédios que se baseavam em ervas da medicina de origem africana ou indígena. Apesar de ser usada por todos, essa medicina não era bem-aceita, ao menos oficialmente.

Os informes que nos chegam a esse respeito são sempre no sentido de crítica, constam comumente das Devassas e faltam explicações sobre as receitas ou de que maneira eram fabricados os remédios.

Não existe no período uma valorização da medicina da gente de cor, apesar de ela ser continuamente utilizada. É comum encontrar-se pessoas de elevada categoria, inclusive membros da administração, que se tratavam com gente de cor. Alguns se viram, por isso, envolvidos em questões relativas à feitiçaria. Oficialmente, a medicina alternativa é sempre vista como feitiço.

Outra aspecto bastante discutido nos documentos é a salubridade ou insalubridade das terras mineiras. Conforme mencionamos anteriormente, as opiniões mostraram-se bastante divergentes, partindo de razões particulares e locais, sem que se empreendesse uma avaliação rigorosa de solo, clima ou de salubridade propriamente dita. Diz-se que a região traz contínuas doenças, que nas minas há

---

5. Lisboa, ANTT, Manuscritos do Brasil, L. 5, MS.

miasmas pestíferos, atribuindo os males a causas relacionadas com a geografia, uma vez que ignoravam os modos de transmissão e difusão das doenças.

Entretanto, algumas memórias escritas para as autoridades lisboetas ou mesmo para uso de substitutos de governantes locais recém-chegados mostraram-se mais realistas, percebendo que a maior parte dos males originava-se de uma predatória e irracional ação humana, e que muitas das doenças, sobretudo dos escravos, eram conseqüências de maus-tratos.

Como regra geral, há, entretanto, um esforço e uma procura para compreender o local e a gente que nele viviam, sobretudo nos últimos decênios, também em conseqüência dos problemas relativos à assim chamada decadência econômica.

A população, e mesmo a maior parte das autoridades locais, com exceção de alguns intelectuais como Gonzaga e seu grupo, mostram apenas uma visão restrita e individual das questões. Queixam-se do que os afeta e prejudica pessoalmente, e quando apelam, mesmo que seja marginalmente, para questões de bem comum, é raro mostrarem uma clara e abrangente preocupação.

O individualismo via-se contido a ferro e a fogo pelas autoridades metropolitanas, preocupadas acima de tudo com o fisco e com a ordem.

Assim, a documentação sobre o período apresenta um discurso branco e católico, além de europeu. Estas vertentes marcam o que se desejava fazer da colônia considerada como um legítimo domínio, capaz de fornecer o que a metrópole necessitava. As categorias dominantes consideravam-se proprietárias legítimas do que a terra fornecia ou viesse a fornecer, e nisso incluíam-se também os escravos.

Os cativos constituíam uma categoria capaz de uma movimentação própria, ou seja, de fugir e de atacar, de burlar e de se esconder, de usar de inteligência e esperteza a fim de se homiziar no quilombo, de agir como forros e enganar os senhores.

Acima de tudo tratava-se de um grupo com capacidade de se tornar livre por meios fora da lei estabelecida pelos brancos, mas também podendo receber a alforria pelo encontro de uma pedra valiosa, por serviços prestados, por compra de sua própria liberdade e por outros meios. Essa situação traz na prática muita ambiguidade e confusão, e os problemas acarretados eram resolvidos ora de um modo, ora de outro, ao sabor de circunstâncias.

Por outro lado, há um contínuo nascer e crescer de mulatos e de mestiços, que os documentos classificam com variados nomes, difíceis de interpretar. É como se buscassem especificar exatamente o tipo de cor que lhes aparece e separar essas categorias novas para que não formem um grupo coeso, capaz de lhes fazer face mesmo numericamente.

A gente de cor, por seu lado, não aceita a posição subalterna e aflitiva que os outros lhe desejam dar e luta para sobrepujar e afastar as mazelas que a atingem, embora com resultado muito inferior ao ambicionado. Dominando as armas e toda a aparelhagem de força e poder, os brancos impedem que os homens de cor alcancem o que almejam, mas estes, mesmo que seja em pequenas coisas, lutam e alcançam algumas vantagens, tais como melhor alimento e vestuário, busca de prestígio, profissionalização que lhes dê papel naquela sociedade, ou o alcance da própria liberdade individual.

Abreviaturas

AAM	Arquivo da Arquidiocese de Mariana
ABN	Arquivo da Biblioteca Nacional, Rio de Janeiro
ACC	Arquivo da Casa dos Contos, Ouro Preto
AHU	Arquivo Histórico Ultramarino, Lisboa
AMI	Arquivo do Museu da Inconfidência, Ouro Preto
AN	Arquivo Nacional, Rio de Janeiro
ANTT	Arquivo Nacional da Torre do Tombo, Lisboa
APM SC	Arquivo Público Mineiro, Seção Colonial, Belo Horizonte
TC ER	Arquivo do Tribunal de Contas – Erário Régio, Lisboa
BN	Biblioteca Nacional, Lisboa
BPMP	Biblioteca Pública Municipal do Porto
POM	Coleção Pombalina, Biblioteca Nacional, Lisboa
RAPM	Revista do Arquivo Público Mineiro
RSPHAN	Revista do Serviço do Patrimônio Histórico e Artístico Nacional
BH	Belo Horizonte
OP	Ouro Preto

Documentação consultada

Manuscritos

ARQUIVO DA ARQUIDIOCESE: AAM (Mariana)

F3 – tomos I e II (1747-1799)
F6 – tomo II (1780-1783)
A30
A20
P03 (1749-1810)
P20 (1727-1842)

W24 (1752-1822)
P27 (1747-1856)
Z4 (1748-1749)
Z6 (1753)
Z12 (1767-1777)

ARQUIVO DA CASA DO PILAR: MUSEU DA INCONFIDÊNCIA: AMI
(Ouro Preto)

Inventários do 1º Ofício
Cód. 27 – auto nº 297
Cód. 16 – auto nº 149
Cód. 18 – auto nº 174
Cód. 18 – auto nº 175

Cód. 35 – auto nº 413
Cód. 56 – auto nº 670
Cód. 58 – auto nº 695
Cód. 70 – auto nº 832
Cód. 97 – auto nº 1.184

Mapas e plantas da Coleção Augusto de Lima Jr. e outras.

ARQUIVO DA CASA DOS CONTOS ACC (Ouro Preto)

Trata-se sobretudo de microfilmes; assim, consta tanto o nº do documento
quanto o do microfilme.

Documento	Microfilme	Documento	Microfilme
005	061 (0098)	1977	113 (1046/1091)

850	108 (0715/0748)	(24)	
(2)		445	041 (0004/0172)
1312	078 (0343/0352)	(9)	
(10)		799	055 (0034/0095)
		1005	061 (0098/02447)
1335	078 (0877/0970)	(6)	
(33)		442	040 (0927/0951)
1575	088 (0186/0970)	(19)	

ARQUIVO DA CASA PAROQUIAL: ACP

ARQUIVO DA PARÓQUIA DE SANTO ANTÔNIO TIRADENTES,
Fundo da Fábrica da Matriz: Cartas Pastorais de D. Frei Manoel Cruz

ARQUIVO DO TRIBUNAL DE CONTAS: TC SEÇÃO ERÁRIO RÉGIO:
ER (Lisboa)

ER	900	ER	4088
ER	4084	ER	4091
ER	4085	ER	4080
ER	4086		

ARQUIVO HISTÓRICO ULTRAMARINO: AHU (Lisboa)

Caixas rubricadas sob o título *Minas Gerais*: numeração em fase de reclassificação

Cód. 241	Cód. 1232
Cód. 242	Cód. 296
Cód. 244	

Seção Cartográfica:

Doc. 258	Doc. 1160
Doc. 259	Doc. 1171

Seção de Gravuras:

nº 202	nº 206
nº 203	nº 235
nº 204	nº 212

ARQUIVO NACIONAL DA TORRE DO TOMBO: ANTT (Lisboa)

Manuscritos do Brasil: 6 livros (*7* volumes)
MMS do Brasil: avulsos

Minas de Diamantes
Ordens Régias

ARQUIVO NACIONAL: AN (Rio de Janeiro)

Coleção "Casa dos Contos de Ouro Preto":
Lata 13   Lata 88
Lata 90 (1º e 2º pacotes)   Livros v. 1152 e outros
Lata 94 (3º pacote)   v. 2525, rolo 1
Lata 104 (1º pacote)

ARQUIVO PÚBLICO MINEIRO – SEÇÃO COLONIAL: APMSC
(Belo Horizonte)

SC 02		SC	51
SC 07		SC	69
SC 09		SC	119
SC 27		SC	203
SC 33		Plantas:	P1 30768 doc 2
SC 37			P1 10236 doc 1
SC 56			P1 21039
SC 57			P1 10320 doc 4

BIBLIOTECA DA UNIVERSIDADE – SEÇÃO DE MANUSCRITOS: BUSM (Coimbra)

Cód. 710   Cód. 148
Cód. 677   Cód. 448
Cód. 674

BIBLIOTECA DO MEMORIAL DA AMÉRICA LATINA: BMAL
(S. Paulo)
"Memória a respeito dos escravos e tráfico da escravatura entre a Costa D'Africa e o Brasil", 1793 (cópia)

BIBLIOTECA MÁRIO DE ANDRADE: BMA – SEÇÃO DE RARIDADES:
SR (S. Paulo)

Códice Costa Matoso
Códice Cartas inéditas do Marquês de Pombal
Códice Manuscrito de Cláudio Manoel da Costa

144 JULITA SCARANO

BIBLIOTECA NACIONAL: BN – SEÇÃO DE RESERVADOS
(Lisboa)

Coleção Pombalina:

POM 642	POM 738
POM 643	Cód. 4530
POM 479	Cód. 6699
POM 697	MSS 5 nº 9

Seção de Iconografia: Sobretudo santos da devoção dos negros
Seção de Mapas: Cartas da região das Minas

BIBLIOTECA NACIONAL: BN (Rio de janeiro)

Acervo "Casa dos Contos de Ouro Preto": Consultas ao Conselho Ultramarino

nº 144	nº 198
nº 196	

Códices, cartas régias, registros, documentação da Santa Casa de Misericórdia (vários documentos).
Iconografia: Carlos Julião, "Riscos Iluminados de figurinhos de brancos e negros no Rio de Janeiro e Serro do Frio. Álbum, século XVIII.

BIBLIOTECA PÚBLICA MUNICIPAL: BPMP (Porto)

Cód. 296   Cód. 464

Fontes primárias impressas

ANTONIL (André João). *Cultura e opulência do Brasil por suas drogas e minas. S.* Paulo, Melhoramentos, 1923.

BENCI, Jorge, S. J. *Economia cristã dos senhores no governo dos escravos.* S. Paulo, Ed. Grijalbo, 1977.

COUTO, José Vieira. "Memória sobre a capitania de Minas Gerais" in *Revista do Instituto Histórico e Geográfico Brasileiro,* t. 12, 2ª série, 1891.

DEBRET, Jean Baptiste. *Voyage pitoresque et historique au Brésil.* 3 vols., Paris, Firmin Didot Frères, 1834-1839.

FLORENCE, Hercule. "Esboço da viagem feita pelo Sr. Langsdorf no interior do Brasil" in *Revista Trimestral do Instituto Histórico, Geográfico e Etnográfico do Brasil,* tomo XXXVIII, 1975.

GONZAGA, Tomás Antônio. "Cartas Chilenas" in *Obras Completas.* Organizada por M. Rodrigues Lapa. S. Paulo, Ed. Nacional, 1942.

GUSMÃO, Alexandre de. *Obras.* S. Paulo, Cultura, 2ª ed., 1945.

O Patriota. Jornal literário, político e mercantil do Rio de Janeiro. Imprensa Régia, 1814.

RUGENDAS, Johann Moritz. *Viagem pitoresca através do Brasil.* S. Paulo, Livraria Martins, 1940.

TAUNAY, Afonso de E. *Assuntos de três séculos coloniais (1598-1790).* S. Paulo, Imprensa Oficial, 1944.

VIDE, Sebastião Monteiro da. *Constituições do Arcebispado da Bahia,* aprovadas no Sínodo de 1707. S. Paulo, Typographia 2 de dezembro, 1853.

Livros e artigos citados

ARIÈS, Philippe. *O homem diante da morte.* 2 vols., Rio de Janeiro, Francisco Alves, 1989.

BARRETO, Paulo Thedim. "Casas de Câmara e Cadeia" in *Arquitetura Oficial,* textos escolhidos. RSPHAN, 1978.

BASTIDE, Roger. *As Américas Negras.* São Paulo, Difel, 1984.

BRÁS do Amaral. *Cartas de Vilhena.* 2 vols., Bahia, Imprensa Oficial do Estado, 1922.

BRILLAT-SAVARIN, Jean Anthelme. *The Philosopher in the Kitchen.* London, Penguin Books, 1970.

CÂMARA Cascudo, Luíz da. *História da Alimentação no Brasil.* Belo Horizonte/São Paulo, Itatiaia/Edusp, 2 vols., 1983.

_____ *Made in Africa.* Rio de Janeiro, Civilização Brasileira, 1965.

CARVALHO, Feu de. "Real Casa de Misericórdia" in *Revista do Arquivo Público Mineiro,* 1924.

CURTIN, Philip. "Epidemiology and the Slave Trade" in *Political Science Quarterly,* vol. XXXIII, nº 2, 1968.

DANTAS, João de Rocha. *Plantas e mapas do Tejuco.* Lisboa, AHU, iconografia e manuscritos, 1775.

DARNTON, Robert. O *Grande Massacre dos Gatos.* Rio de Janeiro, Graal, 1986.

ESCHWEGE, Wilhelsn Ludvig von. *Pluto Brasiliense,* SP, Ed. Nacional, 1948.

EWBANK, Thomas. *Diário de uma visita à terra do cacaueiro e das palmeiras.* Belo Horizonte/São Paulo, Ed. Itatiaia/Edusp, 1976.

FERNANDES, Florestan. *Relações raciais entre negros e brancos.* São Paulo, Anhembi, 1955.

FREYREISS, G. W. *Viagem ao interior do Brasil.* Belo Horizonte, Ed. Itatiaia, 1982.

FREYRE, Gilberto. *Açúcar.* Instituto do Açúcar e do Álcool, 2ª ed., 1969.

HENDERSON, James. *A History of Brazil.* London, Longman, 1921.

HOLANDA, Sérgio Buarque de. *Caminhos e Fronteiras.* Rio de Janeiro, José Olympio, 1975.

KITTO, H. D. F. *The Greeks.* London, Penguin Books, 1951.

KOSTER, Henry. *Travels in Brazil,* 1816.

LIMA Jr., Augusto de. *A Capitania de Minas Gerais.* Belo Horizonte, Instituto de História, Letras e Arte, 3ª ed., 1965.

LISANTI, Luís. *Negócios Coloniais.* São Paulo, Departamento do Arquivo do Estado, 1973.

MATHIAS, Herculano Gomes. *Um recenseamento na Capitania de Minas Gerais, Vila Rica,* 1804. Rio de Janeiro, Arquivo Nacional, 1969.

MAWE John. *Viagens ao interior do Brasil,* principalmente aos Distritos do Ouro e dos Diamantes, Rio de Janeiro, Zelio Valverde, 1944.

MCKEOWN, Thomas e BROWN, R. G. "Medical Evidence Related to English population changes in the Eighteenth Century" in *Population in History,* London, E. Arnold Pub., 1969.

MELLO E SOUZA, Laura de. *O diabo e a terra de Santa Cruz.* São Paulo, Companhia das Letras, 1987.

MME. TOUSSAINT. *Viagem de uma parisiense ao Brasil.* Rio de Janeiro, Imprensa J. Villeneuve, 1883.

POST, John D. "Food Shortage, Nutrition and Epidemic Disease in the Subsistence Crisis of Preindustrial Europe" in *Food and Foodways*, vol. 1 número 4, 1987.

RIBEIRO, Marco. *Livro de ouro dos vinhos medicinais*. Porto Alegre, Mercado Aberto, 1983.

SAINT-HILAIRE, A. F. *Viagem pelas Províncias do Rio de Janeiro e Minas Gerais*. São Paulo, Edusp, Belo Horizonte, Itatiaia, 1975.

SAINT-HILAIRE, A. F. de. *Viagens pelo Distrito dos Diamantes e litoral do Brasil*. São Paulo, Edusp, Belo Horizonte, Itatiaia, 1974.

SANT'ANNA, Nuto. *São Paulo no séc. XVIII*. Conselho Estadual de Cultura, 1977.

SCARANO, Julita. *Devoção e escravidão*. São Paulo, Ed. Nacional, 1979.

SPIX, Johann Binrn e MARTIUS, Carl Fréderic von. *Viagem pelo Brasil*. Rio de Janeiro. de J., Imprensa Nacional, 4. vol., 1938.

SILVA, Geraldo Gomes da. "Engenho e arquitetura". Tese, FAU-USP, vol. 2, 1990.

SONTAG, Susan. *La maladie comme metaphore*. Paris, Seuil, 1979.

THOMAS TEIXEIRA, Denise, *Aspectos gerais das aglomerações rurais mineiras*. São Paulo, FAU-USP, 1989-1990.

VASCONCELLOS, Sílvio de. "Formação urbana do Arraial do Tejuco" in *Arquitetura Civil II*. Textos escolhidos da *Revista do Patrimônio Histórico e Artístico Nacional*, 1975.

VASCONCELOS, Salomão de. *Os primeiros aforamentos e os primeiros ranchos de Ouro Preto* in RSPHAN, nº 5, 1941.

VERGER, Pierre. *Fluxo e refluxo*. São Paulo, Corrupio, 1987.

VIDAL LUNA, Francisco e COSTA, Iraci del Nero. *Minas Colonial, economia e sociedade*. São Paulo, Pioneira, 1982.

VILLADARY, Agnès. *Fête et vie quotidienne*. Paris, Les Editions Ouvrières, 1968.

VOVELLE, Michel. *La mort et l'occident de 1300 à nos jours*. Paris, Gallimard, 1983.

ZEMELLA, Mafalda. "O Abastecimento da Capitania de Minas Gerais no Século XVIII." Tese de Doutorado, USP, 1951.

Sobre a autora

Julita Scarano é historiadora e romancista. Exerceu o cargo de professor-adjunto de História da Civilização Brasileira na UNESP (Universidade Estadual Paulista), realizou inúmeras pesquisas em arquivos portugueses e brasileiros, bem como em arquivos italianos e norte-americanos. Esteve como professora visitante na Universidade de Wisconsin-Madison e realizou, nos Estados Unidos, várias palestras sobre imigrantes e negros.

Escreveu *Devoção e escravidão*, publicado pela Cia. Editora Nacional na Coleção Brasiliana, que trata do negro em nosso passado colonial, e encontra-se no prelo *Fé e Milagre*, pela Edusp. Os resultados de suas pesquisas e trabalhos foram publicados em jornais e revistas nacionais e estrangeiros, bem como participação em inúmeros livros sobre assuntos de sua especialidade.

Interessou-se desde cedo pela literatura. Escreveu poemas *(Pássaro Marinho,* edição Cluble de Poesia); contos *(O espelho e a janela,* Massao Ohno Editora); e dois romances *(Saímos a rever estrelas,* Editora Terra Boa, e *Lira nas mãos dos ventos,* Edições Paulinas). Colaborou por mais de dez anos no Suplemento Cultura de *O Estado de S. Paulo.*

LEITURAS AFINS

Crime e Escravidão
*Trabalho, luta e resistência
nas lavouras paulistas*
Maria Helena Machado

**Escravidão Africana na
América Latina e no Caribe**
Herbert Klein

**Estrutura Dinâmica do
Antigo Sistema Colonial**
Fernando Novais

**Festas e Utopias
no Brasil Colonial**
Mary Del Priore

**Formação do Brasil
Contemporâneo**
Caio Prado Jr.

Preconceito Racial
Portugal e Brasil-Colônia
Maria Luiza Tucci Carneiro

Ser Escravo no Brasil
Katia Q. Mattoso

Coleção Primeiros Passos

O que é História
Vavy Pacheco Borges

**O que é História das
Mentalidades**
Claudia O. A. Marotta

Coleção Tudo é História

A Abolição da Escravidão
Suely R. Reis de Queiroz

Afro-América
A escravidão no novo mundo
Ciro Flamarion Cardoso

**A Crise do Escravismo
e a Grande Escravidão**
Paula Beiguelman

**Os Quilombos
e a Rebelião Negra**
Clóvis Moura

Impressão:

GRÁFICA EDITORA

Pallotti IMAGEM DE QUALIDADE

SANTA MARIA - RS - FONE (55) 222.3050

Com filmes fornecidos